이효재 지음

영적 순례자들을 위한 **40일 묵상**

기 도 하 며 함 께 걷 는

십자가의 길

도서출판 TOBIA

이효재 목사는

이효재 목사는 일터신학자이자 일터사역자다. 그는 일터에서 15년 동안 일하고 지난 17년간 일터신학연구와 목회에 전념했다. 그는 자신이 일터에서 땀 흘리고 수고하는 그리스도인들의 목자와 학자로 부르심 받았다고 믿는다. 모든 일터에서 일하는 모든 그리스도인들이 그의 목회 대상이다. 캐나다 벤쿠버 리젠트 칼리지에서 폴 스타븐스 교수에게 일터신학을 배우고 숭실대 김회권 교수의 지도로 "안식과 노동"이란 논문으로 박사학위를 받았다. 칼빈대, 숭실대, 새물결아카데미 등에서 강의하고 용인 다보스병원에서 원목으로 사역했다. 일터 그리스도인들이 대부분인 맑은물가온교회에서 담임목사로 섬기고 있으며, LG디스플레이(여의도 본시) 신우회를 지도하고 있으며, LB그룹에서 직원들을 위한 예배를 인도하고 있다.

영적 순례자들을 위한 40일 묵상

기도하며 함께 걷는 십자가의 길

Forty Day Meditations for Spiritual Pilgrims

1판 1쇄: 2020년 1월 25일

저자: 이효재
편집: 강신덕
디자인: 오인표
홍보/마케팅: 자동혁
펴낸이: 오세동
펴낸곳: 도서출판 토비아
등록: 426-93-00242
주소: (04041) 서울특별시 마포구 와우산로 73(홍익빌딩 4층)
       T 02-738-2082 F 02-738-2083

ISBN: 979-11-89299-18-7 03230

기도하며 함께 걷는

십자가의 길

이효재 지음

도서출판사 **TOBIA**

'십자가의 길' 묵상집은

● 성지를 순례하시는 분들을 위해 만들어졌습니다. 성지 순례 특히 국내순례지 방문과 순례를 계획하고 계시다면 이 묵상집과 함께 순례의 길을 떠나시기 바랍니다.

●● 사순절과 고난주간 그리고 부활절을 보다 깊이 있게 묵상하며 보내기를 원하시는 그리스도인과 교회 공동체를 위해 만들어졌습니다. 재의 수요일로부터 부활주일까지 이어지는 40일을 『십자가의 길』과 함께 하시며 영적 묵상의 여행을 떠나 보시기 바랍니다.

●●● 교회 공동체나 특정 기독교 공동체의 일정 기간 새벽 혹은 저녁 기도 시간, 기도 및 말씀 나눔을 위해 만들어졌습니다. 공동체의 삶 가운데 특정한 시간 특히 40일 가량의 특별한 기도 시간을 계획하고 계시다면 이 묵상집과 함께 현장감 있고 깊이 있는 십자가를 향한 기도의 시간을 가져보시기 바랍니다.

회개
재의 수요일 **회개하라** / 012
제2일 **아파야 회개다** / 014
제3일 **은혜에 투항하라** / 016
제4일 **주께서 뼈를 꺾으셔야** / 018

대속
제5일 **하나님의 의로운 진노** / 024
제6일 **피 흘림의 대속** / 026
제7일 **진노보다 큰 사랑** / 028
제8일 **섬기고 내어주는 대속** / 032
제9일 **선한 삶을 위해** /034
제10일 **뜻밖의 선물** /036

죄사함
제11일 **죄와 문화** / 042
제12일 **죄로부터 해방** / 044
제13일 **믿음의 효력** / 046
제14일 **전가(轉嫁)된 의** / 048
제15일 **죄 사함의 우정** / 052
제16일 **죄에서 자유함** / 054

선물
제17일 **십자가의 선물: 성령** /060
제18일 **십자가의 선물: 풍성한 생명** / 062
제19일 **십자가의 선물: 사랑** / 064

제20일 **십자가의 선물: 영적 개안(開眼)** / 068
제21일 **십자가의 선물: 참된 정의** / 070
제22일 **십자가의 선물: 쉼** / 072

 화해

제23일 **화해, 행복의 조건** / 078
제24일 **화해의 주도자** / 080
제25일 **화해의 교환** / 082
제26일 **화해의 완성** / 084
제27일 **하나님의 양자됨** / 088
제28일 **평화의 강물** / 090

 십자가 사랑

제29일 **순종의 사랑** / 096
제30일 **악을 이기는 사랑** / 98
제31일 **주님을 향한 사랑** / 100
제32일 **눈높이 사랑** / 104
제33일 **치유하는 사랑** / 106
제34일 **고난을 짊어지는 사랑** / 108

 고난주간 - 승리

고난주간 제1일 **승리의 십자가** / 114
고난주간 제2일 **무력화된 사탄** / 116
고난주간 제3일 **죽음을 이긴 십자가** / 118
고난주간 제4일 **승리의 전조현상** / 120
고난의 금요일 **확정된 최후의 승리** / 124
고난주간 제6일 **승리의 증언자** / 126

십자가의 길: 죽어서 사는 길

사순절은 초대교회로부터 교회가 지켜온 오랜 전통입니다. 교회와 성도들은 부활절 전까지 주일을 뺀 40일을 십자가 죽으심과 부활을 음미하며 묵상하는 가운데 경건한 생활을 지켰습니다. 이 기간 교회와 성도들은 순례의 길을 떠나기도 했습니다. 그들이 살아가는 삶의 공간 주변이나 멀리 타국의 성지들 혹은 심지어 예루살렘까지 순례를 떠나기도 했습니다. 그렇게 교회와 성도들은 사순절 기간 십자가 앞에서 자기를 바르게 하고 십자가를 향한 영적 여행을 떠났습니다. 교회와 성도들은 사순절을 영적 자기 갱신의 기회로 삼아야 합니다. 이 기간 우리 모두는 마음의 순례 혹은 몸과 마음이 함께 하는 영적 순례를 준비하여 떠나야 합니다.

"그러므로 우리가 그의 죽으심과 합하여 세례를 받음으로 그와 함께 장사되었나니 이는 아버지의 영광으로 말미암아 그리스도를 죽은 자 가운데서 살리심과 같이 우리로 또한 새 생명 가운데서 행하게 하려 함이라. 만일 우리가 그의 죽으심과 같은 모양으로 연합한 자가 되었으면 또한 그의 부활과 같은 모양으로 연합한 자도 되리라. (로마서 6:4-5)"

이번 40일 묵상의 주제성구입니다. 이 기간에 우리는 무엇보다 우리를 위해 대신 죽으신 그리스도의 십자가에 집중합니다. 십자가는 부활의 조명 아래에서 정당하게 이해될 수 있습니다. 사순절에 우리는 내 십자가를 짊어지고 그리스도의 길을 함께 가는 묵상 여행을 떠납니다. 십자가에는 많은 의미들이 담겨있습니다. 우리는 이번 사순절에 십자가에 담긴 일곱 가지 의미를 깊이 묵상합니다. 회개, 대속, 죄 사함, 선물, 화해, 사랑, 승리 등입니다.

십자가의 길을 걸으며 묵상할 때는 평소와 달리 좀 더 경건한 마음과 자세로 일상을 살아가면 더욱 좋습니다. 형식화된 경건이 아니라 십자가의 의미를 일상에 담아내는 경건으로. 중세 시대에는 사순절에 육식을 금했습니다. 다만 어류는 허용됐습니다. 어떤 수도원에서는 사순절 기간에 오리를 연못에 집어넣어 죽인 뒤에 꺼내서 먹었다고 합니다. 물에서 꺼냈으니 어류라고 주장하면서 말입니다. 종교개혁자들은 이런 가식적 경건 대신 그리스도의 가르침에 따라 가난한 이웃들을 찾아가 돌보고 병자들을 심방하는 등 경건의 실천을 강조했습니다.

40일 동안 십자가의 길을 걸으면 365일 그 길에서 벗어나지 않게 됩니다. 십자가는 죽음과 고난을 통과해 생명과 사랑에 이르는 길입니다. 사람처럼 살고 싶다면, 후회 없이 살고 싶다면, 의미 있는 삶을 살고 싶다면, 우리는 반드시 십자가의 길을 걸어야 합니다. 그 길에는 이미 부활의 기쁨이 잔잔하게 깔려 있습니다. 십자가의 길에 들어가기 전에 약간의 심호흡과 함께 마음을 정갈하게 준비하시기 바랍니다. 이제 사순절 십자가 여행을 시작해봅시다.

사순절을 앞두고

이효재 목사

맑은물가온교회 담임목사

일터신학자

Forty Day Meditations for Spiritual Pilgrims

회개

"회심에 관한 모든 이야기는 결국에
은혜로 풍성한 패배를 받아들이는 이야기입니다."

C.S.루이스

그리스 메테오라 수도원

회개하라

재의 수요일

이르시되 때가 찼고 하나님의 나라가 가까이 왔으니 회개하고 복음을 믿으라 하시더라

마가복음 1장 15절

사순절은 '재의 수요일(Ash Wednesday)'로 시작됩니다. 구약 하나님의 백성들은 이날 재를 머리에 뒤집어쓰고 옷을 찢으며 하나님 앞에서 슬픔 가운데 회개했습니다. 회개는 그리스도의 부활에 동참하기 위해 반드시 통과해야 하는 십자가의 첫 걸음입니다. 회개는 마음을 바꾸는 행위입니다. 회개는 죄악으로 물들었던 마음을 은혜와 진리가 충만한 마음으로 새롭게 하는 마음의 혁명입니다. 회개는 아주 흔히 듣는 말이지만, 매우 드물게 일어납니다. 그래서 회개는 불가능한 가능성입니다. 사람 스스로는 불가능하지만 하늘로부터는 가능합니다.

예수님의 공생애 첫 메시지는 "회개하라"였습니다. 회개는 임박한 하나님 나라에 들어가는 필수 조건입니다. 회개하지

않은 사람들에게 이 나라가 가까이 왔다는 것은 기쁨의 소식이 아니라 두려움의 소식입니다. 우리는 얼마나 오랫동안 '하나님의 나라'가 아닌 '내 나라' 인생을 살아왔습니까? 불행 중 다행으로 '하나님의 나라'가 아직 완전히 오지는 않았습니다. 우리에게는 약간의 시간이 남아있습니다. 이제 우리 마음을 '하나님의 나라'로 돌이켜야 합니다. 사순절의 첫날은 '내 나라'에 집착해온 내 모습을 자각하는 가운데 영혼에 재를 뒤집어쓰는 슬픔의 날입니다. 십자가의 길은 회개의 문을 통과해야 시작됩니다.

 기도

진리의 예수님, 하나님이 원하시는 삶이 아니라 내가 욕망하는 삶을 살아왔습니다. '하나님의 나라'에 무관심했습니다. 내 영혼에 재를 뒤집어쓰며 슬퍼합니다. 용서하여 주소서.

아파야 회개다

제2일

그가 세상에 계셨으며 세상은 그로 말미암아 지은 바 되었으되 세상이 그를
알지 못하였고 자기 땅에 오매 자기 백성이 영접하지 아니하였으나

요한복음 1장 10-11절

우리는 스스로 회개할 능력조차 없습니다. 자존심의 덫에
갇혀 있는 우리 영혼은 빛을 보고도 빛을 거부합니다. 사람들
은 그리스도를 보면서도 그리스도를 알아차리지 못합니다. 분
명히 하나님을 알만한 능력과 신성이 있지만 고개를 돌립니
다. 하나님이신 예수님의 놀라운 기적들을 직접 보고 권위 있
는 말씀을 들었던 사람들이 예수님을 십자가에 못 박아 죽였
습니다. 얼마나 많은 사람들이 매주 예배를 드리면서도 무감
각하게 죄를 짓고 있습니까? '나'라는 감옥에 갇혀 그리스도
를 영접하지 않습니까?

그리스도의 십자가는 우리의 죄악상을 비추는 거울입니다.
이 거울 앞에 서는 것은 너무 아픕니다. 사실은 처절하게 삶의

아픔을 겪는 사람들 중 일부가 십자가 거울 앞에 겨우 섭니다. 십자가 진리의 빛에 쬐여 낙담하고 슬퍼하는 영혼들을 하나님은 기다리십니다. 하나님께서 다윗을 특별히 좋아하신 이유는 그가 죄 없이 깨끗하고 거룩했기 때문이 아니라 자신의 죄를 슬퍼했기 때문이었습니다. 하나님께서 우리 죄를 직면하게 하실 때에는 회피하지 말고 깊은 상처와 부끄러움을 고스란히 받아내야 합니다. 회개하고 새로 태어날 절호의 기회입니다. 아파야 회개입니다. 십자가의 길은 자신의 죄로 아픈 마음을 끌어안고 가는 길입니다.

 기도

빛으로 오신 예수님, 흑암에 둘러싸인 내 영혼이 주님을 보기 원합니다. 내 죄악을 인정하는 아픔을 회피하지 않게 하소서. 내 영혼이 순결하신 주님을 보게 하소서.

은혜에 투항하라

제3일

시몬이 대답하여 이르되…말씀에 의지하여 내가 그물을 내리리이다 하고 그 렇게 하니 고기를 잡은 것이 심히 많아 그물이 찢어지는지라…시몬 베드로가 이를 보고 예수의 무릎 아래에 엎드려 이르되 주여 나를 떠나소서 나는 죄인 이로소이다

누가복음 5장 5,6,8절

십자가의 길을 걷는 사람은 뜻하지 않게 놀라운 사건들을 만납니다. 어부 베드로는 지난 밤새도록 수고했지만 헛수고였 습니다. 이런 날들이 하루 이틀이 아니었겠지요. 오늘 새벽에 는 낯선 사람을 만났습니다. 나사렛 예수님이었습니다. 예수 님은 갈릴리 바다에서 잔뼈 굵은 베드로에게 깊은 데로 가서 그물을 내려 고기를 잡으라고 소리치셨습니다. 베드로는 처음 보는 예수님의 말씀을 반신반의하며 그대로 따랐습니다. 그물 이 찢어질 듯 많은 물고기가 잡혔습니다. 그는 즉시 고백했습 니다. "나를 떠나소서. 나는 죄인입니다." 인생의 진짜 고수를 만난 것입니다. 그렇게 자신만만했던 고기잡이에서 실패했을 때 예수님이 찾아오셨습니다.

우리는 나름 자신감을 가지고 살아갑니다. 자신감 없는 사람은 자신감을 키우기 위해 열심히 노력합니다. 그런데도 우리는 실패를 경험합니다. 실패는 성공의 어머니라고 하지만 회개로 부르심이기도 합니다. 지혜로운 사람은 실패를 숨기거나 부정하지 않습니다. 반대로 실패를 인정하고 극복할 수 있는 방안을 찾습니다. 인생에 실패가 찾아올 때, 뜻하지 않게 찾아오는 은혜가 있습니다. 자신의 한계를 고백하고 예수님의 은혜에 투항하면 자신을 재발견하는 회개의 사건이 일어납니다. 실패는 십자가 은혜 안으로 들어가는 좋은 길입니다.

 기도

사랑의 예수님, 내가 실패를 경험할 때 나를 찾아오셔서 말씀하여주소서.
내가 회개하고 새롭게 시작할 수 있는 기회로 삼게 하소서. 실패가 오히려
은혜의 기회가 되게 하여 주소서.

주께서 뼈를 꺾으셔야

제4일

내게 즐겁고 기쁜 소리를 들려 주시사 주께서 꺾으신 뼈들도 즐거워하게 하소서

시편 51편 8절

회개는 내 뼈가 꺾이는 고통입니다. 회개는 그동안 (드러내 놓고 혹은 은밀하게) 자랑하던 자아를 도려내고 그 자리에 예수님의 겸손한 자아를 이식하는 영혼의 수술입니다. 돌덩어리처럼 굳은 마음을 꺼내 살처럼 부드러운 마음으로 바꾸는 수술입니다. 우리는 수술에 이르는 과정에서 부정(否定)과 번민과 회의와 같은 내면적 갈등을 겪지만 결국 주님의 수술대에 눕게 됩니다. 갈비뼈 실금 하나에도 숨 쉬지 못하는 통증을 느끼는데, 회개는 아예 뼈가 우지끈 꺾이는 영혼의 통증을 동반합니다. 하지만 수술은 성공적으로 끝나고 회복의 기쁨이 찾아옵니다.

다윗의 간통죄와 청부 살인 죄가 발각됐습니다. 왕의 체통

과 자존심은 백성들 앞에서 심하게 구겨졌습니다. 하지만 칠일 동안 궁정 바닥에 엎드려 금식하며 기도할 때 다윗은 부끄러움과 슬픔을 이기고 영혼의 기쁨을 누렸습니다. 진노하시는 하나님의 말씀은 그에게 즐겁고 기쁜 소리였습니다. 끔찍한 죄를 지은 자기를 버리고 다시 부르시는 하나님의 말씀을 들었습니다. 죄악을 인정하고 하나님께 돌아가는 축복을 다윗은 놓치지 않았습니다. 주께서 내 죄악의 뼈를 꺾으셔야 내 영혼이 하나님을 경배하고 찬양합니다. 내 죄를 향한 세상 사람들의 손가락질은 아무것도 아닙니다. 회개의 십자가를 짊어지는 길은 힘들지만 가볍습니다.

 기도

자비로우신 예수님, 교만한 내 영혼의 죄악을 십자가 피로 깨워주소서. 나를 부정하는 회개의 통증을 인내하게 하소서. 예수님의 피로 새로 태어난 영혼으로 하나님을 찬양케 하소서.

"거듭난다는 것은 새로운 삶의 자리로 나아가,
새로운 정신과 새로운 마음 그리고 새로운 관점과
새로운 삶의 원리들, 새로운 감각, 새로운 사랑의 마음,
좋아하는 것과 싫어하는 것이 완전히 달라지는 것,
두려움의 대상이 달라지는 것, 새로운 기쁨,
새로운 종류의 애통, 이전에는 미워하던 것들을
사랑하게 되는 것, 한 때는 사랑했으나 이제 새로이
미워하게 되는 것, 하나님, 우리 스스로 그리고
세상과 삶과 구원에 대한
완전히 새로운 생각을 의미합니다.."

J.C.라일

제주 순례의 여정 가운데
영적 여행자들에게 쉼을 주는
순례자의 교회

Forty Day Meditations for Spiritual Pilgrims

대속

하나님의 의로운 진노

제5일

모세가 그의 하나님 여호와께 구하여 이르되 여호와여 어찌하여 그 큰 권능과 강한 손으로 애굽 땅에서 인도하여 내신 주의 백성에게 진노하시나이까

출애굽기 32장 11절

사순절 두 번째 주입니다. 주님의 십자가 안으로 조금 더 들어가 봅니다. 십자가에는 하나님의 용서 이전에 하나님의 진노의 심판이 담겨있습니다. 여호와 하나님께서는 자신이 애굽에서 탈출시킨 백성들이라도 그들의 죄악을 용서하지 않으시고 심판하시는 진노의 하나님이십니다. 이스라엘 백성들은 모세가 하나님께로부터 율법을 받으러 시내 산에 올라간 사이 금송아지를 만들고 광란의 춤을 추는 우상 숭배 죄를 저질렀습니다. 하나님께서는 그 모습을 보시고 그들을 진멸하겠다고 진노하셨습니다. 하나님께서는 우리의 죄를 용납하지 않으시는 진노의 하나님이십니다. 우리는 이 사실을 분명히 인지해야 합니다.

이스라엘을 향한 하나님의 진노는 모세의 기도로 40년간 유보되었지만 풀리지는 않았습니다. 하나님의 진노는 항상 의롭습니다. 하나님께서 우리 죄에 진노하지 않으시면 이 세상은 혼돈과 공허, 흑암과 어둠의 세상이 됩니다. 하나님의 진노는 창조 세계를 악으로부터 지키기 위한 하나님의 선한 의지의 표현입니다. 우리의 죄를 향한 하나님의 진노의 심판은 잠시 유보될지언정 취소되지는 않습니다. 이것이 하나님의 진노 아래 있는 인간의 운명입니다. 누가 이 운명의 사슬을 벗겨줄수 있을까요? 십자가 대속물로 자기 생명을 바치신 예수 그리스도 밖에 없습니다. 십자가는 우리를 진노의 사슬로부터 자유하게 하는 하나님의 은혜입니다.

 기도

의로우신 하나님, 우리 죄를 향한 하나님의 진노는 지극히 정당합니다. 누가 그 진노를 풀어드리겠습니까? 예수 그리스도를 우리 대신 대속물로 보내주셔서 진심으로 감사합니다.

피 흘림의 대속

제6일

이러므로 첫 언약도 피 없이 세운 것이 아니니…피 흘림이 없은즉 사함이 없느니라.

히브리서 9장 18,22절

회개는 피비린내가 진동하는 고통스러운 사건입니다. 고대 이스라엘 백성들은 자기들의 죄를 용서받고 하나님의 진노를 피하기 위해 흠 없는(무죄한) 송아지, 염소, 어린양과 같은 동물을 죽여 그 피를 백성들과 제단과 제사 기물에 뿌렸습니다. 인간의 죄와 상관없는 동물들의 생명이 인간인 그들 대신 바쳐졌습니다. 성전과 성전 제단은 제물로 바쳐진 동물들의 피로 뒤덮였습니다. 피는 생명을 상징합니다. 동물제사는 죄 용서를 받기 위해서는 반드시 피 흘림이 필요하다는 하나님의 단호한 메시지입니다.

그리스도의 십자가는 동물이 아니라 하나님 자신이 흘리신 피로 적셔졌습니다. '세상 죄를 지고 가는 하나님의 어린양'이

흘린 피입니다. 하나님께서 직접 우리를 위해 하나님의 제단에 바치신 희생 제물은 거룩하고 흠 없는 유일한 인간 예수였습니다. 가장 거룩하신 '하나님의 형상'이 죄와 흠으로 얼룩진 인간들을 위해 피 흘리고 버림받아 죽었습니다. 회개하는 영혼은 그리스도의 십자가 앞에 서서 예수님의 옆구리에서 뿜어져 나오는 피를 온 몸으로 맞으며 찬양합니다. "죽임을 당하신 어린 양은 능력과 부와 지혜와 힘과 존귀와 영광과 찬송을 받으시기에 합당하도다"(요한계시록 5:12).

 기도

어린양 예수님, 내 죄는 주님의 거룩하신 몸에 죽음의 상처를 남겼습니다. 내 대신 죽으신 주님의 은혜를 기억하며 죄를 미워하며 멀리하겠습니다. 대속의 주님 감사합니다.

진노보다 큰 사랑

제7일

이 예수를 하나님이 그의 피로써 믿음으로 말미암는 화목제물로 세우셨으니 이는 하나님께서 길이 참으시는 중에 전에 지은 죄를 간과하려 하심으로 자기의 의로우심을 나타내려 하심이니

로마서 3장 25절

    하나님의 진노는 그 누구도 꺾을 수 없습니다. 오직 하나님 자신만이 죄인들에게 활활 타오르는 적대감을 끌 수 있습니다. 이 진노의 화염은 오직 하나님의 사랑만이 진화할 수 있습니다. 지금 죄로 충만한 이 세상이 심판을 받지 않고 있는 것은 하나님의 사랑이 진노보다 크기 때문입니다. 피조물인 우리를 향한 하나님의 사랑이 우리의 죄를 향한 진노를 덮고 있는 형국입니다. 하나님의 사랑은 여기에 그치지 않고 우리가 진노에서 완전히 해방될 수 있는 길을 열어주셨습니다.

    하나님께서는 골고다 언덕에서 우리 각자의 죄에 대한 진노의 심판을 단행하셨습니다. 심판의 채찍을 우리 대신 화목제물로 바쳐진 하나님의 아들에게 휘두르셨습니다. 독수리가

새끼들을 날개 아래 품듯 예수님은 우리를 품에 안으시고 진노의 채찍을 온 몸으로 받아내셨습니다. 우리는 한 대도 감당할 수 없는 그 죽음의 채찍을 말입니다. 예수님께서 우리를 위해 죽으셨기 때문에 하나님께서 우리를 사랑하시는 것이 아닙니다. 하나님께서 우리를 사랑하시기에 그 아들 예수님을 우리 대신 죽게 하신 것입니다. 우리는 아들의 십자가를 통해 아낌없이 부어주신 하나님의 사랑을 믿음으로 죄 용서를 받습니다. 십자가에 담긴 하나님의 사랑은 깊고도 깊습니다.

 기도

사랑의 하나님, 죄 많은 내가 하나님의 사랑으로 진노의 심판을 피할 수 있었습니다. 십자가의 대속 외에 달리 구원의 길이 없는 내게 그 사랑을 주셔서 감사합니다.

"자연 상태의 인간이 진심 하나님을 찾고 있다는 것은
하나의 신화다. 인간은 실제로 하나님을 찾는다.
그러나 인간이 구하는 하나님은 하나님의 원래 모습이 아니다.
인간은 그들을 죽음으로부터 지키기 위해,
혹은 그들의 세속적인 즐거움을 증진시킬 수 있는 존재로
하나님을 몰아놓는다.
그러니 이런 것들로부터 마음을 바꾸는 회심이 아니고는
누구도 하나님의 빛으로 나아오지 못한다."

존 파이퍼

제주 순례의 여정 가운데
영적 여행자들에게 쉼을 주는
순례자의 교회

im's Chapel

bless you

welcome

섬기고 내어주는 대속

제8일

인자가 온 것은 섬김을 받으려 함이 아니라 도리어 섬기려 하고 자기 목숨을
많은 사람의 대속물로 주려 함이니라

마가복음 10장 45절

우리는 이제 시선을 우리 심판자 하나님에서 자기 목숨을
대속물로 바치신 아들 예수님께 돌려야 합니다. 십자가에 달
려 죽을 만한 죄가 티끌만큼도 없으신 예수님은 어떻게 하나
님의 심판대 위에 자기 몸을 던질 수 있었을까요? 예수님은 이
땅에 오시기 전에 하나님 아버지로부터 넘치도록 충만한 사랑
을 받았습니다. 하나님의 영광도 받았고, 만물을 다스리는 권
세도 받았습니다. 아버지는 자신의 것을 아들에게 아낌없이
주셨습니다. 아들도 아버지에게 자신의 몸을 드렸습니다. 하
나님 아버지와 하나님의 아들은 사랑을 주고받는 사랑의 끈으
로 연결되어 있었습니다. 아버지와 아들의 사랑은 끊임없이
자신을 내어주는 사랑입니다.

아버지는 아들을 사랑하여 섬기셨습니다. 아들은 아버지께 순종함으로 섬기셨습니다. 하나님은 본질적으로 섬김을 받으시는 분이 아니라 섬기는 분입니다. 하나님께서는 우리의 섬김을 필요로 하지 않습니다. 오히려 아들 예수님께서 우리를 섬기기 위해 이 땅에 오셨습니다. 의로운 예수님은 십자가에서 대속의 피를 흘리심으로써 죄로 범벅된 우리를 깨끗케 하셨습니다. 대속은 자신을 내어줌으로 타인을 살리는 사랑 이야기입니다. 내가 죽어 타인의 생명을 섬기는 것이 대속의 사랑입니다. 예수님께서는 몸소 이 대속의 사랑을 보이심으로써 죄로 어두운 이 세상에 대속의 빛을 비추셨습니다. 십자가는 내가 죽어 타인을 살리는 길입니다. 이 길이 있기에 세상은 오늘도 지탱되고 있습니다.

 기도

대속의 주님, 십자가에서 보여주신 섬김의 사랑으로 내가 살게 되었습니다. 섬김 받기를 좋아하던 내 죄를 용서해주시고 나도 주님을 따라 섬김의 종으로 살게 하소서.

선한 삶을 위해

제9일

그가 우리를 대신하여 자신을 주심은 모든 불법에서 우리를 속량하시고 우리를 깨끗하게 하사 선한 일을 열심히 하는 자기 백성이 되게 하려 하심이라

디도서 2장 14절

성경뿐만 아니라 고대의 많은 신화에도 희생양 제도가 있지만 목적은 정반대입니다. 두 희생양 제도의 차이를 탁월하게 규명해낸 문화인류학자 르네 지라르(René Girard)는 십자가의 희생양이 다른 종교의 희생양 제도와 정반대의 메시지를 전한다는 사실을 밝혀냈습니다. 다른 종교는 죄와 상관없는 사람을 신에게 희생양으로 바쳤습니다. 여기에는 희생양을 바치는 사람들의 죄를 해결하는 것이 아니라 반대로 감추려는 의도가 깔려 있습니다. 인신제사로 신의 진노를 달래려는 속셈입니다. 반면, 그리스도께서 십자가 위에서 희생양이 되심은 우리 죄를 폭로하고 우리가 죄 사함을 받아 선한 사람으로 거듭나게 하려는 목적을 가지고 있습니다.

예수 그리스도는 우리의 죄악을 적당히 감추고 하나님의 진노를 풀어주기 위해 희생양이 된 것이 아닙니다. 오히려 예수님의 십자가 희생은 우리 내면의 깊은 어둠을 드러내 우리의 죄악된 본성을 깨닫게 합니다. 그리고 그 본성을 혐오하고 거기서 벗어나라고 촉구합니다. 십자가 어린양은 죄에 절망한 영혼에 진리와 용서의 빛을 비춰 선한 일을 열심히 하도록 우리를 일으켜 세워주십니다. 그리스도의 대속 사건은 거짓과 죄악과 죽음으로 가득 찬 세상에 진리와 선과 생명의 길을 뚜렷하게 보여주고 있습니다. 세상에 우뚝 선 십자가는 세상과 다른 길을 걸어가라고 명령하고 있습니다.

 기도

대속의 예수님, 십자가에 달리신 주님을 바라보며 내 죄악을 깨닫습니다. 이제는 십자가에서 선포되는 진리의 말씀을 듣고 선한 길을 걸어가겠습니다. 함께 하여주소서.

뜻밖의 선물

제10일

그리스도 예수 안에 있는 속량으로 말미암아 하나님의 은혜로 값없이 의롭다 하심을 얻은 자 되었느니라

로마서 3장 24절

십자가 대속은 세상에서 가장 신비로운 하나님의 지혜입니다. 하나님께서는 예수님의 십자가에서 뜻밖의 선물을 주십니다. 우리가 합당한 대가를 지불하지 않고 받는 선물입니다. 공짜라고 싸구려가 아닙니다. 세상에서 가장 값진 선물입니다. 하나님께서는 우리에게 "의로워지라"고 명령하지 않으시고 "의로워졌다"고 선포하셨습니다. 오직 믿음으로 우리는 하나님의 법정에서 무죄 선고를 받았습니다. 우리 삶은 납덩이보다 무거운 죄의 책임에서 해방되었습니다. 십자가의 길을 걷는 사람들은 삶의 과정 과정마다 뜻밖의 선물을 받습니다. 과정이 힘들수록 더 큰 선물이 주어집니다. 이 선물은 하나님이 우리를 사랑하신다는 뚜렷한 증거입니다.

어떤 이들은 하나님의 무죄 선고가 우리의 책임을 무력화하는 비도덕적 처사라고 비난하기도 합니다. 오히려 삶의 '수레바퀴 아래서' 감당하지도 못할 의무를 스스로 짊어지는 영원한 죄수 시지푸스처럼 살아가는 인간을 윤리적 존재로 미화합니다. 자기 죄를 끝까지 책임지려는 태도는 과연 고상한 것일까요? 아닙니다. 어리석은 헛수고일 뿐입니다. 그들의 내면은 책임과 양심과 심판의 두려움으로 가득 차 있습니다. 하나님의 무죄 선고를 받아들이는 사람은 새 삶을 선물로 받아 기쁨과 평화의 안식을 누립니다. 신실하게 윤리적 책임을 지려하지만 자신의 한계를 알기에 실패할 때마다 좌절하고 슬퍼하기 보다는 십자가의 은혜로 달려가 도움을 구합니다. 십자가 대속보다 큰 선물은 없습니다.

 기도

사랑의 하나님, 대속의 은혜로 나 스스로 책임질 수 없는 삶의 무게에서 벗어나게 하시니 감사합니다. 가볍게 살아가게 해주시니 감사합니다. 새 삶을 선물로 주셔서 감사합니다.

Forty Day Meditations for Spiritual Pilgrims

죄사함

"하나님께서는 이 땅에서 이루어지는
그 어떤 일들보다도 한 명의 죄인이 감행하는 회심을
더 귀하게 여기십니다."

아치볼드 알렉산더

제주 순례길 순례자들을 위한
순례자의 교회 예배실

죄와 문화

제11일

나는 육신에 속하여 죄 아래에 팔렸도다

로마서 7장 14절

사순절 셋째 주에 우리는 십자가의 길을 방해하는 죄를 돌아봅니다. 성공을 꿈꾸는 사람들은 '내가 무엇을 원하는지, 무엇을 해야 하는지, 지금 무엇을 하고 있는지' 정확하게 알고 통제하려 합니다. 세상은 이런 사람을 주체적인 사람이라고 칭찬합니다. 모든 일을 미리 예측하고 기획하여 최고의 효과를 얻으려는 자본주의 원리는 경제를 넘어 모든 영역, 심지어 종교 영역까지 파고들었습니다. 아이러니 하게도 우리의 통제력이 커질수록 가난과 불평등은 확산되고 생태계는 더 큰 위기에 내몰리고 있습니다. 한치 앞을 모르는 인간이 하나님처럼 세상을 통제하려 할수록, 세상은 인간의 통제권 밖으로 나갑니다.

　　사람들은 자신의 성공을 위해 타인을 통제하려 합니다. 그러나 타인을 통제하려는 자신의 욕망을 통제하는데 매우 소극적이고 서툽니다. 이 욕망이 크고 작은 죄들을 만들어내는 숙주입니다. 우리 육신이 얼마나 심각하게 죄 아래 팔려 있는지 사람들은 잘 깨닫지 못합니다. 그들은 죄의 책임을 회피하기 위해 문화에 핑계를 댑니다. 남들도 다 그렇게 한다고 자신의 책임이 사라지지 않습니다. 그리스도의 십자가는 문화 속에 교묘하게 스며든 죄악을 핀셋처럼 끄집어냅니다. 십자가의 길을 가는 사람들은 죄에서 자유로운 새로운 문화를 만들어냅니다.

 기도

십자가 예수님, 우리는 너무나 뿌리 깊은 죄의 문화 속에서 죽어가는 줄도 모르고 살아갑니다. 십자가의 빛을 내 영혼에 찬란하게 비추소서. 죄를 발견하고 경계하게 하소서.

죄로부터 해방

제12일

하나님은 한 분이시요 또 하나님과 사람 사이에 중보자도 한 분이시니 곧 사람이신 그리스도 예수라 그가 모든 사람을 위하여 자기를 대속물로 주셨으니 기약이 이르러 주신 증거니라

디모데전서 2장 5-6절

고대 그리스 시대에 전쟁에서 승리한 군대는 잡아온 포로들 가운데 지략이 뛰어난 사람이나 귀족 혹은 왕족 집안 출신들을 골라내 그들의 명단과 함께 몸값을 그들의 고국에 통지했습니다. 통지문을 받은 고국의 지도자들은 돈을 모금해 승전국에 전달하고 포로된 동포들을 데려왔습니다. 이때 낸 몸값을 속전 혹은 대속물(ransom), 몸값을 주고 전쟁 포로를 데려오는 사람을 구원자(redeemer)라고 불렀습니다. 포로들은 자기 스스로 해방될 길이 없었습니다. 고국에서 구원자가 와서 자신의 몸값을 주어야 비로소 자유의 몸이 되었습니다.

죄 아래 있는 우리는 전쟁 포로와 같은 처지입니다. 자기 힘만으로는 죄의 포로수용소에서 빠져나올 수 없습니다. 이

수용소는 중세 사람들이 한 때 믿었던 것처럼 사탄 마귀의 감시 아래 있었던 것이 아니라 하나님의 진노 아래 있었습니다. 예수님이 하나님의 심판대에 가서 자기 목숨을 대속물로 지불하고 죄인들을 죄의 수용소에서 이끌고 나오셨습니다. 예수님은 죄인들이 원래 살아야 하는 하나님 나라의 통치자로서 우리를 죄에서 해방시킬 수 있는 유일한 구원자이십니다. 우리는 예수님을 따라 우리의 고국인 하나님 나라로 돌아와 죄 사함을 받은 의의 백성으로 살아갑니다. 십자가는 죄의 포로수용소에서 나가는 문입니다.

기도

구원자 예수님, 죄의 포로수용소에 잡혀있던 우리를 위해 주님의 목숨을 대속물로 지불해주셔서 감사합니다. 이제 죄 사함을 받은 의로운 백성으로 새롭게 살아가겠습니다.

믿음의 효력

제13일

그러므로 사람이 의롭다 하심을 얻는 것은 율법의 행위에 있지 않고 믿음으로 되는 줄 우리가 인정하노라

로마서 3장 28절

　　교회에는 두 종류의 사람들이 뒤섞여있습니다. 해마다 거룩하게 변화되어가는 성도와 아무런 변화가 없는 교인입니다. 두 종류의 사람들 모두 동일한 예배에 참석합니다. 예배에서는 그리스도의 십자가 죄 사함의 은혜가 어김없이 선포됩니다. 어떤 사람은 눈물을 흘리고 어떤 사람은 하품을 합니다. 어떤 사람은 감동을 받아 기뻐하고 어떤 사람은 지루해서 어쩔 줄 모릅니다. 같은 예배인데 왜 상반된 반응을 보일까요? 성수주일, 십일조, 봉사와 같은 교회 활동을 열심히 했기 때문일까요? 아닙니다. 믿음 때문입니다.

　　우리의 믿음이 우리 죄를 사하여주고 변화시켜주는 것은 아닙니다. 우리 죄를 사하시는 분은 그리스도를 대속물로 받

으시는 하나님 아버지이십니다. 믿음은, 예수 그리스도께서 피 흘리신 공로로 하나님께서 우리 죄를 사하시고 의인이라 부르신 그 사실(the fact)을 인정하고 수용하는 마음의 결단입니다. 하나님의 죄 사함은 모든 시대 모든 지역 모든 사람들에게 선포되었지만 믿음으로 받아들이는 사람에게만 현실이 됩니다. 믿음은 단 하나의 기능만 가지고 있는데, 값없이 주시는 하나님의 은혜를 받아들이는 것입니다. 이 믿음을 고백하는 사람에게 성령 하나님이 오셔서 '내면의 혁명'을 일으킬 때 삶의 변화가 일어납니다.

기도

하나님 아버지, 예수님이 십자가에서 뿌리신 대속의 피를 내 영혼 가득 받아들일 수 있는 믿음을 주옵소서. 십자가에서 이뤄진 죄 사함의 은혜를 믿고 새 삶을 살게 하소서.

전가(轉嫁)된 의

제14일

우리가 아직 죄인 되었을 때에 그리스도께서 우리를 위하여 죽으심으로 하나님께서 우리에 대한 자기의 사랑을 확증하셨느니라 그러면 이제 우리가 그의 피로 말미암아 의롭다 하심을 받았으니

로마서 5장 8-9절

십자가의 길을 따라가는 성도들은 자신의 절대적 무기력함과 하나님의 주도권이 만나는 결정적 지점을 통과해야 합니다. 십자가의 길은 의로운 사람들이 걸어가는 길이지만 스스로 의롭다고 자부하는 사람들에게는 닫힌 길입니다. 오히려 이 길은 스스로 의롭지 않다는 고백과 함께 그리스도께서 십자가에서 흘리신 피의 효력을 믿는 사람들에게만 열립니다. 그들은 입구에 들어서서 십자가의 길을 걸어가기 전에 '의로워지는' 수술을 받아야 합니다. 수술은 눈 깜짝할 사이에 끝납니다.

하나님은 이 수술을 통해 십자가에서 드러난 예수님의 의(righteousness)를 믿음의 고백자들에게 전가하십니다. 집도

의이신 하나님 아버지는 예수님의 심장에 있는 의를 내 심장에 이식하십니다. 그렇게 해서 예수님의 의가 내 의로 전가됩니다. 예수님의 인자하고 친절한 마음이 내 마음에 이식됩니다. 예수님의 사랑이 내 마음에 이식돼 나도 예수님처럼 사랑하게 됩니다. 이렇게 우리에게 전가된 예수님의 의는 오직 하나님의 은혜입니다. 십자가의 길을 걸어가는 성도들의 마음에 이식된 예수님의 의는 천국에 이르는 신분증입니다. 이 신분증을 잃어버리지만 않는다면 우리는 틀림없이 천국 문을 통과할 것입니다.

 기도

의로우신 하나님, 내가 아직 죄인 되었을 때에 그리스도를 믿음으로 나를 의롭다고 불러주시니 감사합니다. 이제 의의 신분증을 잃어버리지 않고 십자가의 길을 걸어가겠습니다.

"그리스도 안에서 거듭난다는 것은
우리를 완벽하게 만들지 않습니다.
거듭남은 우리를 삶에 충분한 의미로 작용할
제자로서의 삶의 경험을 시작하도록
이끌어 낼 뿐입니다."

리차드 포스터

제주도 최초 개신교회로
알려진 금성교회 십자가 첨탑

죄 사함의 우정

제15일

여호와여 내 기도를 들으시며 내 간구에 귀를 기울이시고 주의 진실과 의로 내게 응답하소서 주의 종에게 심판을 행하지 마소서 주의 눈 앞에는 의로운 인생이 하나도 없나이다

시편 143편 1-2절

하나님의 은혜로 뜻밖에 자신의 죄를 발견하고 마음이 불편해질 때, 우리는 무엇을 해야 할까요? 한 가지 선택 밖에 없습니다. 죄 용서를 탄원하는 기도입니다. 다윗은 여호와 하나님을 향해 손을 펴고 마른 땅이 비를 기다리듯, 목마른 사슴이 시냇물을 갈급함 같이, 하나님의 죄 사함을 간청했습니다. 완전 범죄를 꿈꾸며 숨겨놓았던 죄악이 드러났을 때, 다윗은 자신의 죄를 숨기기보다는 공개적으로 고백하며 금식과 눈물로 기도했습니다. 그가 이스라엘 최고의 왕인 이유는 그에게 결함이 없기 때문이 아니라 결함에도 불구하고 죄 사함의 은혜를 받아 하나님과의 우정을 회복하였기 때문입니다.

우리는 지은 죄를 어줍지 않게 대충 감추고 넘어가려는 시

도를 중단하고 하나님께 고백해야 합니다. 우리 죄를 용서해 주시고 의의 길을 걸어가도록 다시 기회를 달라고 호소해야 합니다. 뻔뻔해 보여도 어쩔 수 없습니다. 고개를 들지 못하고 죄를 고백하며 용서를 구하는 세리의 기도에 기꺼이 응답하시는 하나님을 기억해야 합니다. 우리는 이렇게 하나님의 친구가 됩니다. 죄를 용서하시는 하나님을 자주 그리고 깊이 만나야 하나님과 우정이 깊어집니다. 십자가의 길은 죄 사함의 은혜로 하나님과 더불어 우정을 쌓는 길입니다.

 기도

의로우신 하나님, 내가 죄를 지어 하나님의 심판을 자초했을 때 죄 용서를 구하는 나의 기도를 외면하지 마시고 들어주소서. 하나님의 죄 사함을 받고 더 큰 우정을 쌓게 하소서.

죄에서 자유함

제16일

예수께서 대답하시되 진실로 진실로 너희에게 이르노니 죄를 범하는 자마다 죄의 종이라 종은 영원히 집에 거하지 못하되 아들은 영원히 거하나니 그러므로 아들이 너희를 자유롭게 하면 너희가 참으로 자유로우리라

요한복음 8장 34-36절

제약회사의 한 유능한 세일즈맨이 갑자기 경영진들을 찾아가 실토했습니다. "저는 바이어들에게 전달해야 할 샘플을 장부에 상습적으로 과대 기록하고 일부를 개인적으로 사용했습니다. 어떤 징벌이라도 받겠습니다." 깜짝 놀란 경영진들이 물었습니다. "우리도 모르는 죄를 왜 고백하고 책임지려 합니까?" 그는 대답했습니다. "더 이상 죄의 종으로 살기가 힘듭니다. 이제는 죄에서 자유롭게 살고 싶습니다. 죄를 고백하지 않고는 견딜 수가 없었습니다." 회사는 조사를 벌여 사태의 심각성을 발견하고 결국 그를 해고했습니다. 사장은 해고 통보를 하면서 말했습니다. "어쩔 수 없이 당신을 해고하지만 자유를 택한 당신의 선택이 옳습니다." 영화 『워룸』의

한 장면입니다.

예수님이 주시는 자유는 내게 주어진 크고 작은 권력을 마음대로 사용하는 것이 아닙니다. 예수님은 우리에게 그런 자유를 주신 적이 없습니다. 예수님이 우리에게 주신 자유는 하나님의 말씀에 순종하여 하나님과 이웃을 섬기며 사랑하는 자유입니다. 순종은 자유의 표지입니다. 우리는 내 욕망을 억제하고 이웃을 위해 내 몸과 마음을 내어줄 때 진정 자유롭습니다. 우리 영혼은 이 자유를 행사할 때에만 행복하고 만족스럽습니다. 이 자유를 주시려고 예수님이 십자가에서 죽으셨습니다. 십자가의 길은 하나님의 말씀에 순종하기로 결단한 자유인들만이 선택하는 길입니다.

 기도

십자가 예수님, 그동안 죄의 욕망에 사로잡혀 종으로 살았던 내 자신이 부끄럽습니다. 이제는 죄 사함의 은혜 안에서 이웃을 섬기며 사랑하는 자유를 누리게 하소서.

Forty Day Meditations for Spiritual Pilgrims

선물

"나는 그리스도와 십자가에 못 박혔습니다." 라고 말하는 것,
그리고 그리스도께서 우리를 위해 계획하심이
있다는 것을 아는 것은 행복한 일입니다.
신사 숙녀 여러분, 나는 담대하게 여러분에게 말합니다.
하나님 앞에서 20분만 침묵하며 무릎을 꿇으십시오.
그렇게 하는 것이 여러분이 책이나 교회에서
배울 수 있는 것보다 더 많은 것을 여러분에게
가르쳐 줄 것입니다.
여호와께서 여러분에게 당신의 계획을 알려 주시고
그것을 당신 앞에 두실 것입니다."

A.W.토저

제주도 순례자들에게
참된 사역자의 길을 가르치는
모슬포교회 조남수 목사 공덕비

십자가의 선물: 성령

제17일

볼지어다 내가 내 아버지께서 약속하신 것을 너희에게 보내리니 너희는 위로부터 능력으로 입혀질 때까지 이 성에 머물라 하시니라

누가복음 24장 49절

사순절 넷째 주에 접어들었습니다. 이번 주에는 예수님께서 십자가에서 내어 주시는 선물을 묵상합니다. 십자가 예수님의 가장 큰 선물은 성령입니다. 성령은 삼위일체 하나님의 제 삼위이십니다. 성령의 선물은 성자 하나님의 요청에 따라 성부 하나님께서 보내주셨습니다. 예수님은 인간의 몸으로 오셔서 십자가에서 죽으시고 부활 승천하셨지만 영으로 다시 우리에게 오셔서 우리와 함께 하십니다. 실제로 그리스도인은 일상의 삶에서 성령 하나님과 함께 살아갑니다. 성령은 이 땅에서 예수님을 따라 살아갈 수 있는 능력을 주십니다.

성령은 십자가의 영입니다. 성령은 우리를 높이고 영광스럽게 하는 능력이 아니라 반대로 우리를 죽이고 하나님을 영

광스럽게 하는 능력이십니다. 성령은 우리를 감추고 하나님을 드러내게 합니다. 사도 바울은 로마 시민으로서 손으로 일하지 않아도 됐습니다. 그러나 바울은 손으로 일하는 계층 사람들에게 복음을 전하기 위해 로마 시민의 명예와 권리를 포기하고 스스로 생계를 꾸리는 자비량 선교사가 되었습니다. 누구보다 성령에 충만했던 바울은 그리스도의 남은 고난을 자기 몸에 짊어지기를 즐거워했습니다. 십자가의 길에서 성령의 선물을 받은 사람은 하나님과 세상을 위해 자신을 버립니다.

 기도

성령 하나님, 날마다 우리와 함께 계셔서 그리스도의 십자가를 따르게 하소서. 나를 영광스럽게 하기 보다는 하나님을 영광스럽게 하는 능력으로 살게 하소서.

십자가의 선물: 풍성한 생명

제18일

도둑이 오는 것은 도둑질하고 죽이고 멸망시키려는 것뿐이요 내가 온 것은 양으로 생명을 얻게 하고 더 풍성히 얻게 하려는 것이라

요한복음 10장 10절

하나님께서 흙으로 아담을 지으시고 그 코에 생기(생명의 바람)를 불어 넣어 생령(살아있는 존재)이 되게 하셨습니다 (창 2:7). 생명은 아름답습니다. 즐겁습니다. 건강합니다. 사랑스럽습니다. 충만합니다. 하나님의 생명을 가진 사람은 재미있게 일하고, 마음껏 사랑하고, 평화롭게 지냅니다. 어느 누구도 소외하지 않고 스스로 소외되지도 않습니다. 하나님께서는 우리를 이런 생명의 존재로 창조하셨습니다. 생명을 주신 하나님 안에서 우리는 생명을 마음껏 누립니다. 생명은 원래 풍성합니다. 생명은 하나님이 우리에게 주신 최고의 선물입니다.

예수님은 도둑에게 빼앗긴 생명을 우리에게 되돌려 주시

기 위해 오셨습니다. 예수님은 마지못해 살아가는 우리를 위해 십자가에서 죽으셨습니다. 그리고 사흘 만에 다시 살아나셨습니다. 예수님이 보내주신 성령은 십자가와 부활을 믿는 자에게 생기를 불어 넣어주셔서 전혀 맛보지 못한 풍성한 생명을 선물로 주십니다. 성령 안에서 우리는 사랑을 받고 사랑합니다. 기뻐하고 감사합니다. 이웃들과 평화롭게 지냅니다. 상대방을 이해하고 인내합니다. 어려운 이웃들에게 자비를 베풉니다. 선한 말과 행동을 즐겨합니다. 이웃에게 신실합니다. 외적 표현이 부드럽습니다. 무리하지 않고 절제합니다. 예수님의 영과 함께 하는 십자가의 길은 재미있습니다.

기도

선한 목자 예수님, 우리의 죄로 도둑에게 빼앗긴 풍성한 생명을 찾아주소서. 주님의 영이 내 안에 충만하여 생명의 열매가 주렁주렁 열리게 하소서.

십자가의 선물: 사랑

제19일

예수께서 이르시되 나는 생명의 떡이니 내게 오는 자는 결코 주리지 아니할 터이요 나를 믿는 자는 영원히 목마르지 아니하리라

요한복음 6장 35절

우리는 먹는 존재입니다. 우리는 떡으로 상징되는 음식을 먹어야 삽니다. 우리의 생명은 무엇을 어떻게 먹느냐에 달려 있습니다. 선한 음식은 살게 하고, 악한 음식은 병들게 합니다. 예수님은 생명의 떡, 생명의 밥입니다. 우리는 십자가에서 우리에게 주신 예수님의 몸과 피를 먹고 마시며 예수님의 생명을 선물로 받습니다. 예수님이 주시는 생명은 영원 전에 하나님 아버지의 품 안에서 받은 사랑의 결정체입니다. 사랑은 생명의 원천이자 생명의 본질입니다. 예수님이 주시는 생명의 떡을 먹으면, 생명을 주시는 예수님의 사랑이 우리 안에 샘솟습니다.

예수님이 주시는 떡은 영혼의 생명뿐만 아니라 육신의 생

명을 위한 떡이기도 합니다. 예수님의 떡을 먹은 사람은 이웃과 이 떡을 나눕니다. 백성들의 호주머니를 갈취하며 재산을 모았던 삭개오는 예수님이 주신 말씀의 떡을 먹고 재산 절반을 쾌척했습니다. 예수님은 삭개오도 이제 구원을 받아 아브라함의 자손, 곧 하나님의 나라 백성이 되었다고 축하했습니다. 사랑의 나눔은 풍성한 생명의 증거입니다. 성찬을 받을 때 이렇게 기도합시다. "나도 누군가에게 생명의 떡이 되겠습니다." 십자가의 길은 생명을 함께 나누는 도반(道伴)들의 사랑으로 시끌벅적합니다.

기도

생명의 예수님, 우리가 생명의 떡으로 사랑에 눈뜨게 하시니 감사합니다. 우리도 예수님의 떡을 먹고 이웃들의 떡이 되겠습니다. 우리 안에 생명의 연쇄 반응이 일어나게 하소서.

내가 그리스도와 함께 십자가에 못 박혔나니
그런즉 이제는 내가 사는 것이 아니요
오직 내 안에 그리스도께서 사시는 것이라
이제 내가 육체 가운데 사는 것은 나를 사랑하사
나를 위하여 자기 자신을 버리신 하나님의 아들을 믿는
믿음 안에서 사는 것이라

갈라디아서 2장 20절

제주도 순례자들에게
사역자의 진중한 헌신을 가르치는
모슬포교회 조남수 목사 공덕비

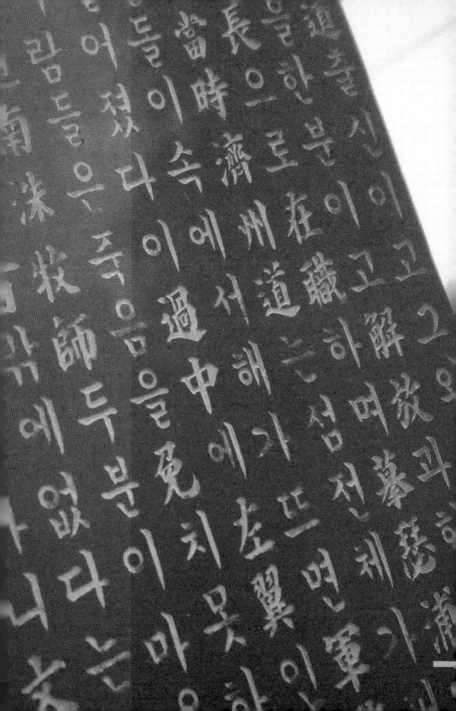

... 道 출신이고 그 ○
을 한 이 解하며 敎과
當時(長時) 濟州에 在職하... 섬 전례 蘂瑟
속에서 道는 해가 또 며 軍이 하 ○
들이 다 이음을 免지 左翼 못
림 어 들 當 長 을 道출
南洙은 즉 牧師 두 부 없다 마는

십자가의 선물: 영적 개안(開眼)

제20일

네게 무엇을 하여 주기를 원하느냐 맹인이 이르되 선생님이여 보기를 원하나이다 예수께서 이르시되 가라 네 믿음이 너를 구원하였느니라 그가 곧 보게 되어 예수를 길에서 따르니라

마가복음 10장 51-52절

　　예수님은 보기를 원하는 사람의 눈을 열어주십니다. 예수님이 눈을 열어주시면 신비로운 세상을 보게 됩니다. 하지만 보기를 원하는 사람은 생각보다 많지 않습니다. 자신은 다 보고 있다고 착각하거나 보지 못하는 불편을 운명처럼 여기는 사람들이 태반입니다. 시각 장애인이든 아니든 우리가 보고 있는 것은 세상에 존재하는 것들의 극히 일부에 불과합니다. 영적 세계에 대해서는 대놓고 맹인 행세하는 사람들이 적지 않습니다. 때론 하나님이 직접 우리 귀를 막고 눈을 감기십니다(이사야 6:10). 회개하지 않은 자들의 지식은 오히려 구원을 방해하니까요.

　　맹인 바디매오는 간절했습니다. 눈을 떠 세상을 보고 싶었

습니다. 그는 인(人)의 장벽을 뚫고 예수님께 다가가 애원했습니다. 예수님은 그의 눈을 뜨게 해주셨습니다. 예수님은 십자가의 길을 걷고자 하는 사람들에게 영적 안목이 열리는 선물을 주십니다. 예수님은 우리가 반드시 봐야할 것을 보게 해주십니다. 이것을 보게 되면 지난 세월 우리가 얼마나 부질없는 것들에 목숨 걸고 살아왔는지 알게 됩니다. 바디매오는 십자가 죽음을 향해 가시던 예수님을 따랐습니다. 십자가의 길은 바디매오처럼 영적 안목이 열린 사람들이 따라가야 하는 광명의 길입니다.

 기도

십자가 예수님, 나는 스스로 모든 것을 알 수 있다고 자만했습니다. 진심으로 하나님을 보기 원합니다. 영원한 진리와 생명을 보기 원합니다. 내 눈을 떠 보게 하소서.

십자가의 선물: 참된 정의

제21일

예수께서 이르시되 나도 너를 정죄하지 아니하노니 가서 다시는 죄를 범하지 말라 하시니라

요한복음 8장 11절

간음죄를 짓다 잡혀온 여인은 뜻밖에 정죄당하지 않고 목숨을 건졌습니다. 정죄(定罪)는 재판장의 자리에서 죄인을 심판하는 것입니다. 유대 성인 남자였던 예수님께서는 그녀를 정죄할 자격이 충분했습니다. 정죄하지 않는다는 말씀은 죄를 옹호한다는 뜻이 아니라 죽음의 세력에 생명을 넘겨주지 않겠다는 뜻이었습니다. 예수님께서는 정죄하러 오신 것이 아니라 구원하러 오셨습니다. 정죄가 아니라 사랑의 용서가 다시 죄 짓지 않게 하는 힘을 가지고 있습니다. 정죄의 근거가 되는 율법의 참된 목적은 죽음이 아니라 사랑입니다.

우리는 범죄자를 처벌하는 식으로 죄악을 세상으로부터 박멸할 수 없습니다. 정의는 불의를 완전히 제거하지 못합니

다. 정의는 필요조건일 뿐입니다. 참된 정의는 사랑으로 완성됩니다. 불의를 제거하는 목적은 사랑이 강물처럼 흐르는 세상을 만드는 것입니다. 정의가 사랑스런 세상을 만드는 것이 아니라, 사랑이 정의로운 세상을 만듭니다. 십자가에서 우리는 사랑으로 충만한 참된 정의를 선물로 받습니다. 예수님처럼 정죄할 권리를 포기하고 사랑의 용서를 퍼부을 때, 우리는 비로소 십자가의 길이 가장 안전하고 행복한 길임을 깨닫습니다. 십자가의 길에는 사랑과 정의가 분리되지 않고 하나가 되는 기쁨이 있습니다.

기도

사랑의 예수님, 어설픈 정의감으로 타인을 함부로 정죄하지 않게 하소서.
정죄의 권한을 내려놓고 오직 사랑으로 정의로운 세상을 세워가게 하소서.

십자가의 선물: 쉼

제22일

수고하고 무거운 짐 진 자들아 다 내게로 오라 내가 너희를 쉬게 하리라

마태복음 11장 28절

쉼이 없는 세상에서 우리는 하루 24시간이 모자라도록 분주하게 살아갑니다. 매일 이리 뛰고 저리 뛰며 정신없이 살다 보면, 우리는 어디서 와서 어디로 가는지도 모르고 일만 하다 병들고 쫓겨나고 세상에서 외롭고 서글프게 사라집니다. 생존의 부담감으로 삶의 안정을 찾으려는 노력이 오히려 삶을 불안하게 합니다. '더 오래 더 많이' 일할수록 우리가 일해야 하는 참된 이유를 잊어버립니다. 애굽의 바로 왕 아래 채찍질 당하고 쉼 없이 일만 했던 히브리 노예처럼 쉼 없이 일합니다. 직장에서 일하는 시간이 줄어들면 또 다른 일로 정신없이 살아갑니다. 우리는 마치 정신없이 일하는 것이 현대인의 미덕인 양 살아갑니다.

분주함에서 해방되어야 합니다. 우리는 가끔 질문합니다. '누가 나를 쉬게 해줄 수 있을까? 쉬어도 먹고 사는데 지장이 없다면 얼마나 좋을까?' 예수님의 속삭임에 귀를 기울여보세요. "내가 너희를 쉬게 하리라." 우리에게 쉼의 선물을 주시는 예수님은 십자가 멍에를 함께 지자고 권유하십니다. 십자가 멍에를 매면 내 삶을 내가 책임져야 한다는 강박감에서 해방됩니다. 노동의 대가로 받는 월급을 하늘에서 내려주시는 만나로 믿고 감사하고 만족합니다. 하나님이 먹여주신다는 믿음으로 일하면 몸은 분주해도 마음은 한결 여유가 있습니다. 주님과 함께 십자가 멍에를 매고 걸어가는 길은 천천히 쉬어가도 완주할 수 있는 길입니다.

 기도

안식의 예수님, 쉼 없이 일해야 먹고 살 수 있다는 거짓에 현혹되지 않게 하소서. 예수님의 십자가를 함께 메고 쉼을 누리며 구원에 이르기까지 완주하는 삶을 살게 하소서.

Forty Day Meditations for Spiritual Pilgrims

화해

너는 마음을 다하여 여호와를 신뢰하고
네 명철을 의지하지 말라 너는 범사에 그를 인정하라
그리하면 네 길을 지도하시리라

잠언 3장 5-6절

화해, 행복의 조건

제23일

곧 우리가 원수 되었을 때에 그의 아들의 죽으심으로 말미암아 하나님과 화목하게 되었은즉 화목하게 된 자로서는 더욱 그의 살아나심으로 말미암아 구원을 받을 것이니라

로마서 5장 10절

사순절 다섯 번째 주입니다. 이번 주는 십자가에서 이루어진 화해의 기쁨을 묵상합니다. 누군가를 용서하지 못하거나 다시 보고 싶지 않다면 억만금을 가져도 행복할 수 없습니다. 어렵사리 이룬 마음의 평화도 작은 자극에 쉽게 깨질 수 있습니다. 반면, 마음에 응어리진 것이 없는 사람은 어떤 문제라도 원만하게 해결할 수 있습니다. 용서하지 못하거나 용서받지 못한 관계는 해결되어야 합니다. 누구든 세상을 떠나기 전 모든 사람들과 화해하고(화목하고·reconcile) 싶어 합니다. 죽음에 임박한 화해는 너무 늦습니다. 미루지 말고 서둘러 화해해야 합니다. 화해는 행복의 조건입니다.

화해는 마음만 가지고 되지 않습니다. 화해를 위한 객관적

인 조건이 먼저 마련되어야 하고, 양측이 이 조건에 합의해야 합니다. 누구보다 먼저 하나님과 화해해야 합니다. 눈에 보이지 않는 하나님과 화해하지 않고 눈에 보이는 사람과 진심으로 화해하기는 쉽지 않습니다. 영혼의 매듭이 풀어져야 육신의 매듭도 풀어집니다. 십자가는 벌어진 하늘과 땅, 하나님과 사람 사이를 화해하게 하는 유일한 길입니다. 십자가의 길은 하늘과 땅 사이에, 하나님과 나 사이에 원활하고 행복한 소통이 이뤄지는 길입니다.

 기도

친구이신 하나님, 하나님과 화해하지 않고 내 인생은 행복하지 않습니다. 탕자처럼 살아온 나를 품어주소서. 하나님과 화해하는 기쁨이 내 삶에 넘쳐나게 하소서.

화해의 주도자

제24일

모든 것이 하나님께로서 났으며 그가 그리스도로 말미암아 우리를 자기와 화
목하게 하시고

고린도후서 5장 18절

　사람이 먼저 하나님을 향해 화해(화목)의 손을 내밀 수 없
습니다. 우리가 염치없어서가 아닙니다. 우리 죄가 너무 커서
도 아닙니다. 하나님께 무심하게 살아온 우리는 스스로 화해
의 필요성조차 느끼지 않습니다. 설령 어쩌다 그런 마음을 갖
게 된다 하여도 어떻게 해야 할지 모릅니다. 어떤 사람들은
하나님과 화해하기는 너무 늦었다고 생각하고 포기합니다.
그럼에도 불구하고 우리는 하나님과 화해하지 않고 행복하
게 살 수 없습니다. 화해해야 하는데 화해할 능력이 없는 모
순 속에 우리는 갇혀 있습니다.

　놀랍게도 이 모순에도 불구하고 하나님과 화해하는 영혼
들이 여기저기에서 일어나고 있습니다. 하나님이 먼저 손을

내미시기 때문입니다. 우리 삶에서 일어나는 모든 선한 것들은 하나님에게서 나옵니다. 화해도 하나님에게서 나옵니다. 우리의 무능함을 아시는 하나님이 화해를 주도하십니다. 하나님은 그리스도의 십자가를 통해 화해의 조건을 먼저 제시하셨습니다. 이 조건을 믿고 받아들이는 사람들과 화해하기로 하나님은 작정하셨습니다. 하나님은 그리스도의 십자가에서 우리를 향해 화해의 두 손을 내미셨습니다. 십자가의 길은 하나님의 두 손이 손수 닦아놓으신 화해의 길입니다.

기도

화해의 하나님, 우리는 먼저 하나님께 화해를 요청할 능력이 없습니다. 우리를 향해 화해의 손을 내미시는 하나님을 무심코 지나치지 않게 하소서.

화해의 교환

제25일

하나님이 죄를 알지도 못하시는 이를 우리를 대신하여 죄로 삼으신 것은 우리로 하여금 그 안에서 하나님의 의가 되게 하려 하심이라

고린도후서 5장 21절

신약성경은 원래 헬라어로 기록돼 있습니다. '화해하다'는 헬라어는 '틀어진 관계를 회복하다'는 의미와 함께 '서로 가지고 있는 물건을 교환하다'는 경제적인 뜻을 포함합니다. '화해화다'는 하나님과 우리의 화해를 위해서는 서로 교환되어야 하는 무엇이 있어야 한다는 뉘앙스를 갖고 있습니다. 하나님이 주도하시는 화해 절차에 우리도 무엇인가를 드려야 화해가 일어납니다. 하나님이 죄에 대한 대가를 죄인에게 요구하지 않고 쉽게 용서하고 화해하시면, 하나님의 정의는 사라지고 무질서한 온정주의만 남게 됩니다.

하나님은 십자가에서 우리를 위해 자신을 희생한 예수 그리스도를 화해의 조건으로 제시하셨습니다. 우리는 믿음을

그리스도의 희생과 교환합니다. 우리는 믿음으로 우리의 옛
자아를 포기해야 하니 불공정한 교환이 아닙니다. 이 화해의
교환은 우주의 빅뱅처럼 새 생명을 잉태하는 위대한 사건입
니다. 그래서 마테테스는 이 깨달음을 얻고서 큰 소리로 외쳤
습니다. "오 얼마나 자비로운 교환인가! 오, 얼마나 심오한 일
인가! 모든 기대를 뛰어넘는 은혜여! 단 한 사람의 의인 속에
많은 사람의 악함이 감춰지고 한 사람의 의가 많은 범법자를
의롭게 하다니!"(마테테스가 디오그네투스에게 보내는 편지
9:5, 존 스토트의 『그리스도의 십자가』에서 재인용) 십자가의
길은 화해의 교환이 일어나는 흥겨운 장터와 같습니다.

기도

정의의 하나님, 하나님께서 제시하신 그리스도의 십자가를 내가 믿습니다.
하나님께서 십자가에서 죽으셨듯이 나도 십자가에서 죽겠습니다. 그리스
도를 살리신 것처럼 나를 살게 하소서.

화해의 완성

제26일

예수께서 다시 크게 소리 지르시고 영혼이 떠나시니라 이에 성소 휘장이 위로부터 아래까지 찢어져 둘이 되고

마태복음 27장 50-51절

    예루살렘 성전 가운데 있는 휘장은 하나님의 임재 공간인 지성소를 일반 성소와 분리시키는 거대한 벽과 같았습니다. 지성소는 사람이 접근할 수 없는 하나님의 위엄이 있는 곳이었습니다. 대제사장이 일 년에 딱 한 번, 대속죄일에 지성소에 들어갈 때에는 그 안에서 죽을 것에 대비해 시체 회수용 방울과 끈을 발목에 달았습니다. 성소 휘장은 높이 18미터, 너비 9미터, 두께 30센티미터 규모로 치밀하게 직조된 거대한 커튼이었습니다. 사람이 지성소를 위로부터 아래로 찢을 수 없었습니다. 성소 휘장이 찢어진 사건은 십자가 죽음으로 성소와 지성소를 구분하던 벽, 하나님과 우리 사이에 있었던 분단의 장벽이 사라졌다는 뜻입니다.

지성소 안에 계시던 하나님께서 휘장을 찢고 우리에게 나와 화해의 손을 내미셨습니다. 이제 모든 것은 우리에게 달려 있습니다. 우리가 하나님이 내민 손을 맞잡아야 화해가 완성됩니다. 하나님은 자기 손을 내밀었지 우리 손을 억지로 잡지 않으십니다. 우리가 하나님의 손을 잡을 때까지 안타까운 마음으로 기다리십니다. 사도 바울은 간곡하게 호소합니다. "하나님께서 내미신 화해의 손을 붙잡고 하나님과 화해하십시오"(고린도후서 5:20). 야곱이 내민 손을 에서가 잡아주자 20년 적대감이 녹아내렸듯이, 우리도 하나님의 손을 덥석 잡아드려야 합니다. 십자가의 길은 하나님의 손을 잡고 함께 걸어가는 길입니다.

 기도

자비의 하나님, 우리가 복음을 들을 때 하나님께서 내미신 화해의 손을 뿌리치지 않고 꽉 붙잡기를 바랍니다. 험난한 인생길에 하나님 손을 잡고 끝까지 걷게 하소서.

"신실한 주의 종은 절대 은퇴하지 않습니다.
당신은 이제껏 가져온 직업으로부터 은퇴할 수 있습니다.
그러나 결코 하나님을 섬기는 일로부터 은퇴할 수 없습니다. "

릭 워렌

제주도 순례자들을 위한
마음의 격려지 강병대교회
한국전쟁 중 세워진 첫 군인교회이다.

하나님의 양자됨

제27일

너희가 아들이므로 하나님이 그 아들의 영을 우리 마음 가운데 보내사 아빠 아버지라 부르게 하셨느니라 그러므로 네가 이후로는 종이 아니요 아들이니 아들이면 하나님으로 말미암아 유업을 받을 자니라

갈라디아서 4장 6-7절

행복한 가정은 자녀들이 아무런 스스럼없이 아버지를 아빠 (아바)라고 다정하게 부르며 아빠 품에 안깁니다. 아빠는 자녀를 부드럽게 안아줍니다. 세상에서 가장 편안하고 안전하고 든든한 곳이 아빠 품입니다. 자녀는 아빠 품이라는 안전한 항구에서 인생의 풍랑을 피합니다. 십자가 믿음으로 하나님의 손을 잡고 하나님과 화해한 사람은 평소 무서워하고 멀리만 느껴졌던 하나님을 아빠로 부를 수 있는 양자로 입적됩니다. 양자는 더 이상 하나님 아버지를 두려워하거나 머뭇거릴 필요가 없습니다. 혈육의 아버지보다 더 풍성하고 안전하고 달콤한 곳이 하나님 아버지의 품입니다.

종은 주인이 시키는 일만 하고 주인의 노여움을 피하려는

습성으로 살아갑니다. 하지만 아들은 자기를 사랑하는 아버지의 뜻을 따라 어디든 가고 어떤 고난도 마다하지 않습니다. 아버지는 내가 가는 곳 어디든 함께 가시고 뒤에서 보호해주신다는 확신이 있으니 나는 언제든 당당합니다. 아빠를 부르는 자녀는 성공할 때보다는 실패할 때, 웃을 때보다는 울 때, 편안할 때보다는 고난을 당할 때, 아빠의 사랑을 가장 진하게 경험합니다. 자녀는 아빠의 능력을 보고 배워서 세상에 필요한 사람들에게 '작은 아빠'가 되어줍니다. 십자가의 길을 걷는 우리에게 아빠이신 하나님이 함께 하시니 우리는 능치 못할 일이 없습니다.

기도

사랑의 하나님, 그리스도 안에서 내가 하나님의 양자가 되게 하여주셔서 감사합니다. 아버지가 후히 주시는 능력으로 어떤 도전과 어려움과 고난이라도 헤치고 나가도록 도와주소서.

평화의 강물

제28일

그는 우리의 화평이신지라 둘로 하나를 만드사 원수된 것 곧 중간에 막힌 담을 자기 육체로 허시고 법조문으로 된 계명의 율법을 폐하셨으니 이는 이 둘로 자기 안에서 한 새 사람을 지어 화평하게 하시고 또 십자가로 이 둘을 한 몸으로 하나님과 화목하게 하려 하심이라

에베소서 2장 14-16절

7~8세기 몽골의 최고 사령관 톤유쿠크는 말했습니다. "성을 쌓는 자 망하고 길을 내는 자 흥한다." 이웃과 대립하는 대신 소통할 대 평화가 찾아오고 서로 번영하게 됩니다. 하나님과 우리 사이에 쌓였던 담을 헐면 하나님과 우리 사이에 화평(peace)이 찾아옵니다. 이 화평은 곧바로 나와 너 사이로 흘러 들어옵니다. 하나님과 화해했더라도 이웃과 하나 되어 화평을 누리지 못하면 진심으로 하나님과 화해(화목)한 것이 아닙니다. 너와 내가 십자가로 평화롭지 않은 상태에서는 하나님과의 화해가 오래 가지 못합니다.

십자가 안에서 나는 너에게 나의 유익을 구하지 않습니다. 오히려 너의 유익이 나의 이익이라고 믿습니다. 너와 내가 십

자가 안에 있으면 서로의 유익을 교환하게 되기에 경쟁의 긴장감이 사라집니다. 교회가 그런 곳입니다. 십자가 위에 세워진 교회에서는 어떠한 경쟁적 관계도 있어서는 안 됩니다. 성도들은 서로 먹여주고 지지하고 위로하는 관계여야 합니다. 교회가 그리스도의 십자가에 집중하지 않으면 세상의 경쟁 문화가 곧바로 성도들 사이에 파고듭니다. 모든 성도들 사이에는 그리스도의 십자가가 있어야 합니다. 성도들이 함께 십자가의 길을 걷는 교회에는 평화의 강물이 잔잔하게 흐릅니다.

 기도

화평의 하나님, 우리 영혼이 십자가에서 맛보는 화해와 평화로 충만하게 하소서. 영혼의 충만함으로 교회 안에 따뜻하고 평화로운 사랑이 넘치게 하소서.

Forty Day Meditations for Spiritual Pilgrims

십자가 사랑

나는 선한 싸움을 싸우고 나의 달려갈 길을 마치고
믿음을 지켰으니 이제 후로는 나를 위하여
의의 면류관이 예비되었으므로 주 곧 의로우신 재판장이
그 날에 내게 주실 것이며 내게만 아니라 주의 나타나심을
사모하는 모든 자에게도니라

디모데후서 4장 7-8절

제주도의 첫 신앙인이며
첫 목회자이고
목회자 가운데 첫 순교자인
이도종 목사님의 영혼의 안식처, 대정교회

순종의 사랑

제29일

그는 근본 하나님의 본체시나 하나님과 동등 됨을 취할 것으로 여기지 아니하시고 오히려 자기를 비워 종의 형체를 가지사 사람들과 같이 되셨고 사람의 모양으로 나타나사 자기를 낮추시고 죽기까지 복종하셨으니 곧 십자가에 죽으심이라

빌립보서 2장 6-8절

사순절 여섯 번째 주입니다. 이번 주에는 십자가에 담겨있는 하나님의 사랑을 묵상합니다. 구약시대 이스라엘 백성들은 성전에서 동물로 속죄 제사를 드렸습니다. 하나님께서 인간의 죄를 대신해서 살아있는 동물을 바쳤기 때문에 죄를 용서해주셨을까요? 하나님께서 동물의 피 때문에 사람들의 죄를 용서해주셨을까요? 하나님께서 이 제도를 통해 원하시는 것은 무엇이었을까요? 제사 자체에 무슨 신비가 있는 것이 아닙니다. 이 제도의 요체는 하나님께서 동물제사를 드리라고 말씀하셨기 때문에 그 말씀에 순종하는 행위입니다. "순종이 제사보다 낫다"(삼상 15:22). 제사 제도에 얽매이는 사람들에게 던지는 선지자 사무엘의 경고입니다.

예수님의 십자가 죽음은 자신을 이 땅에 보내신 하나님에 대한 절대 순종이었습니다. 예수님은 순종을 위해 하늘 보좌를 버리고 이 땅 가장 낮은 인간의 신분으로 오셨습니다. 예수님의 순종이 없었다면 우리의 구원은 영원히 없을 것입니다. 예수님이 왜 하나님의 말씀에 절대 순종하셨을까요? 하나님 아버지를 사랑했기 때문입니다. 순종은 종교적 윤리적 의무가 아니라 자발적인 사랑의 표현입니다. 예수님은 하나님 아버지를 사랑하셨기 때문에 아버지의 뜻에 순종했습니다. 십자가의 길을 완주하려면 주님을 깊이 사랑하고 순종해야 합니다.

 기도

순종의 종이신 예수님, 십자가에서 순종의 죽음으로 우리를 구원해주셔서 감사합니다. 우리도 주님을 사랑하고 주님께 순종하기를 소원합니다.

악을 이기는 사랑

제30일

악에게 지지 말고 선으로 악을 이기라

로마서 12장 21절

인류 역사에서 악이 선을 최종적으로 이긴 적은 없습니다. 증오가 사랑을 말살시킨 적도 없습니다. 역사는 그 반대입니다. 선이 악을 이기고, 사랑이 증오를 녹입니다. 예수님의 십자가 죽음과 부활이 그 증거입니다. 예수님은 악한 자들의 모함으로 십자가에서 죽으셨습니다. 악의 세력은 십자가 죽음 앞에서 승리의 축배를 들었습니다. 그러나 사흘 만에 부활하심으로써 예수님은 악의 세력을 무력화하셨습니다. 예수님은 여기에 그치지 않고 자기를 십자가에 못 박은 사람들에게 용서와 화해의 초대장을 보냈습니다. 예수님은 십자가에서 선으로 악을 이기신 사랑의 힘을 보여주셨습니다.

악을 악으로 보복하면 순간의 짜릿함 뒤에 영원한 고통이 따릅니다. 인간성이 파멸됩니다. 그러나 선으로 악을 대하면 상당한 고통 뒤에 영원한 기쁨을 맛봅니다. 평생 인종차별과 싸운 넬슨 만델라는 남아프리카 백인 정권에 의해 27년간 감옥 생활 하는 동안 백인 감시관들을 항상 친절과 사랑으로 대했습니다. 그는 출소 후 이렇게 고백했습니다. "내가 감옥에서 그들을 사랑하지 않았다면 나는 싸움에서 졌을 것이다." 만델라는 보복하고자 하는 내면의 욕구를 십자가로 잠재웠기에 승리할 수 있었습니다. 십자가의 길에서는 선을 행함으로 악을 이깁니다.

 기도

사랑의 왕이신 예수님. 악에 부딪힐 때마다 십자가에서 선으로 악을 이기신 주님을 본받게 하소서. 악에 보복하려는 마음을 포기하고 오직 선으로 악을 덮어버리는 용기와 지혜를 주소서.

주님을 향한 사랑

제31일

그가 모든 사람을 대신하여 죽으심은 살아 있는 자들로 하여금 다시는 그들 자신을 위하여 살지 않고 오직 그들을 대신하여 죽었다가 다시 살아나신 이를 위하여 살게 하려 함이라

고린도후서 5장 15절

짐 엘리엇을 포함한 다섯 명의 선교사는 에콰도르의 잔인한 와오다니 원주민들의 공격을 받았지만 자신들을 방어하지 않았습니다. 그들을 파송한 선교단체는 위기 상황에서 자위수단 용으로 권총을 소지하게 했지만, 순교자들은 단 한 발도 원주민들을 향해 쏘지 않았습니다. 그들은 어떻게 원주민들의 창끝에 찔려 죽는 수난을 수용할 수 있었을까요? 그들의 잔인함을 고치기 위해 복음전도의 길을 택한 선교사들은 그들의 잔인함에 희생당했습니다. 그들의 사명은 잔인한 원주민들에게 주님의 사랑을 전하는 것이었습니다. 그들은 '자발적' 죽음으로 주님의 사랑을 극적으로 전했습니다. 그들의 순교로 원주민들은 주님을 사랑하게 되었습니다.

예수님의 십자가 사랑을 받은 사람에게 삶의 현장은 어디든지 선교지입니다. 선교사에게 주어진 유일한 소명은 보냄받은 곳에서 주님을 사랑하는 것입니다. 주님을 사랑하는 사람은 자기 자신을 위해 살지 않습니다. 무슨 일을 하든지 주님을 위해 합니다. 주님이 우리에게 당부하신 새 계명을 지킵니다. "내가 너희를 사랑한 것처럼 너희도 서로 사랑하라." 우리가 살고 있는 삶의 현장에서 주님이 사랑하는 이웃들을 주님 대신 사랑하는 것이 우리의 사명입니다. 십자가의 길은 주님을 향한 애절한 사랑으로 서로 사랑하는 향기로 진동합니다.

기도

십자가 예수님, 주님의 사랑을 받은 내가 이제는 나를 위해 살지 않고 주님을 위해 살기 원합니다. 주님이 사랑하는 사람들을 만나거든 주님이 나를 사랑한 것처럼 사랑하게 하소서.

"폭군은 죽는다.
그리고 그의 죽음으로 그의 통치는 끝난다.
순교자도 죽는다.
그리고 그 때로부터 그의 통치가 시작된다."

죄렌 키에르케고르

믿음의 순교가 한참 후에 알려진
순교자 이도종 목사
그가 시무하던 제주 대정교회

눈높이 사랑

제32일

내가 모든 사람에게서 자유로우나 스스로 모든 사람에게 종이 된 것은 더 많은 사람을 얻고자 함이라…약한 자들에게 내가 약한 자와 같이 된 것은 약한 자들을 얻고자 함이요 내가 여러 사람에게 여러 모습이 된 것은 아무쪼록 몇 사람이라도 구원하고자 함이니

고린도전서 9장 19,22절

우리가 누구를 사랑하기 원하면 사랑받는 사람과 눈높이를 맞추어야 합니다. 주님의 사랑이 그러하듯 말입니다. 영이신 하나님의 아들 그리스도는 육으로 살아가는 우리의 눈높이에 맞춰 사람의 아들 예수로 우리에게 오셨습니다. 예수님은 천상의 언어가 아니라 우리가 알아들을 수 있는 쉬운 언어를 사용하셨습니다. 우리가 공감할 수 있는 몸짓으로 우리를 사랑하셨습니다. 그리고 마지막으로 예수님은 죄인들을 구원하기 위해 당시 죄인들이 심판 받고 죽어가는 상징적 장소인 십자가까지 가셔서 우리 대신 죽으셨습니다.

로마의 자유 시민이던 사도 바울은 구태여 손으로 노동하는 직업을 가질 필요가 없었습니다. 그 직업은 노예들의 영역

이었습니다. 노동자들이 일하고 품삯을 받는 행위는 그들이 노예임을 스스로 인정하는 것이었습니다. 그러나 바울은 손으로 천막을 만들어 파는 일을 자원했습니다. 그는 노동하는 사람들에게 복음을 전하고 몇 명이라도 구원하기 위해서 노예라는 낙인을 기꺼이 받아들였습니다. 바울은 자기 신분에 따라 특정 계층 사람들에게만 복음을 전하지 않고 모든 계층의 사람들에게 복음을 전했습니다. 십자가 길을 걷는 사람은 외부의 시선이나 고정관념에 얽매이지 않고 자기를 낮춰 눈높이 사랑을 합니다.

기도

성육신하신 예수님, 우리도 주님과 바울의 본을 따라 눈높이 사랑을 하게 하소서. 누구에게라도 복음을 전하고 사랑하게 하소서. 내가 아는 사랑이 아니라 그들이 필요한 사랑으로.

치유하는 사랑

제33일

그가 채찍에 맞음으로 너희는 나음을 얻었나니

베드로전서 2장 24절

우리 눈에는 십자가에 달리신 예수님이 육신의 고통을 그저 참고 견디신 것으로 보일지 모르지만, 사실 예수님은 자신의 살갗이 찢어지는 고통을 받으면서 우리 영혼을 수술하고 계셨습니다. 의사는 환자의 몸에 칼을 대고 수술하지만, 예수님은 자기 몸에 칼을 대면서 죄인들을 고치셨습니다. 예수님은 우리에게 채찍질하는 대신 우리가 휘두른 채찍을 고스란히 맞음으로 우리 영혼의 질병을 고쳐주셨습니다. 철없는 자식을 가르치기 위해 부모가 자식 보는 앞에서 자식 대신 선생님의 매서운 회초리 맞는 것처럼 말입니다.

예수님은 그렇게 우리가 보는 앞에서 우리 대신 창에 찔리고 매를 맞고 욕을 당하셨습니다. 그분은 아무런 죄도 없이 죄인들의 모략과 중상으로 십자가에 못 박히셨습니다. 십자가 아래에서는 무지한 군중들과 군인들이 욕하고 침 뱉고 위협하고 조롱했습니다. 그러나 예수님은 아무런 대응을 하지 않았습니다. 예수님의 무한한 인내는 힘없는 자가 복수의 칼을 가는 억울함이 아니라 죄인들을 살리는 영혼의 의술이었습니다. 사랑의 인내에는 치유의 힘이 있습니다. 예수님을 따르는 십자가 도반(道伴)들은 인내함으로 세상을 치유합니다. 지금 우리에게는 정의의 회복을 넘어 사랑의 치유가 절실하게 필요합니다.

기도

치유자 예수님, 세상이 나에게 던지는 모욕과 모략과 억울함을 악으로 맞대응하지 않게 하소서. 주님처럼 사랑으로 인내하며 세상을 치유하게 하소서.

고난을 짊어지는 사랑

제34일

나는 이제 너희를 위하여 받는 괴로움을 기뻐하고 그리스도의 남은 고난을
그의 몸 된 교회를 위하여 내 육체에 채우노라

골로새서 1장 24절

'그리스도의 남은 고난'은 예수님이 십자가에서 당한 고난
에 부족함이 있었다는 뜻이 아닙니다. 예수님은 단번에 자기
를 드려 우리의 구원을 이루셨습니다. 그분의 십자가 고난은
우리의 속죄에 차고도 넘칩니다. 그 '남은 고난'은 그리스도의
제자들이 세상을 위해 예수님 대신 짊어져야 할 십자가입니
다. 복음은 주님 대신 내가 십자가 고난을 짊어지고 전할 때 아
름다운 열매를 맺습니다. 십자가 고난 없이 책상 앞에서 마련
한 프로그램에 의존하는 복음 전도는 감동과 호소력이 약합니
다. 그들을 사랑하기 때문에 그들 대신 고난을 짊어질 때 그들
은 기꺼이 주님의 십자가 앞으로 나옵니다.

순회 전도자 바울의 몸에는 그리스도의 고난을 짊어지느라

새겨진 흔적(낙인)이 수없이 많았습니다. 바울은 그리스도의 복음을 전하는 대가로 멸시와 조롱과 매질과 돌팔매질과 질투와 투옥을 당했습니다. 죽을 고비도 숱하게 넘겼습니다. 하지만 그는 자신이 겪는 환난이 교회의 위로와 구원이 된다면서 오히려 감사했습니다. 교회는 성도들이 자기 몸에 지닌 그리스도의 흔적만큼 순결하고 견고해집니다. 우리 몸에 새겨진 그리스도의 흔적이 깊어질수록 주님을 향한 우리의 사랑도 깊어집니다. 십자가 길을 걷는 이들에게는 주님의 남은 흔적들이 가득합니다.

기도

십자가 예수님, 주님이 우리에게 맡겨주신 십자가 고난을 기쁨으로 짊어지게 하소서. 내 몸에 있는 그리스도의 흔적을 사랑하며 감사하게 하소서.

Forty Day Meditations for Spiritual Pilgrims

고난주간 - 승리

"그리스도를 위해 사는 것과 그리스도를 위해 죽는 것 사이에
큰 차이가 있는가? 두 번째는 첫 번째의 논리적이고
당연한 결과이다."

엘리자베스 엘리엇

십자가의 길을 걷다
그 길에서 생을 마친 이들의 마지막 자리
서울 양화진 외국인 선교사 묘역

승리의 십자가

고난주간 제1일

죄를 짓는 자는 마귀에게 속하나니 마귀는 처음부터 범죄함이라 하나님의 아들이 나타나신 것은 마귀의 일을 멸하려 하심이라

요한일서 3장 8절

사순절의 마지막 고난 주간이 시작되었습니다. 이번 주는 그리스도의 고난을 묵상합니다. 그리스도의 고난은 실패가 아닌 승리의 길입니다. 세상의 악을 배후 조종하는 사탄에 대한 승리입니다. 문명이 발전할수록 사탄은 더욱 교묘하게 문명의 배후에서 강력한 힘을 발휘합니다. 사탄의 대리자 마귀에 지배당한 사람들이 그리스도를 십자가 고난으로 내몰았습니다. 이런 사람들은 좀비처럼 자신들이 무슨 짓을 하고 있는지 몰랐습니다. 그들의 영혼은 악의 포로로 잡혀 마귀가 시키는 대로 복종했습니다. 마귀에 사로잡힌 사람들은 빌라도의 광장에서 영문도 모른 채 소리쳤습니다. "십자가에 못 박으소서! 십자가에 못 박으소서!"

그리스도는 이 사람들과 싸운 것이 아니라 그들의 영적 배후 세력과 싸웠습니다. 정세와 권세, 어둠의 주관자들, 하늘에 있는 악한 영들. 사탄의 심부름꾼들인 이들은 사사건건 하나님의 선하신 통치에 반역합니다. 그러나 그리스도는 십자가에서 이들을 이기셨습니다. 어둠의 지배자 사탄 마귀가 더 이상 사람들을 미혹하지 못하도록 사람들의 영혼에 하나님의 보호막을 치는데 성공했습니다. 십자가의 길이 막바지에 이를수록 사탄 마귀의 장난이 거세집니다. 우리는 사탄 마귀에 물리지 않도록 그리스도의 십자가를 바라보며 마음을 지켜야 합니다.

.

 기도

승리자 예수님, 사탄 마귀에 휘둘리는 삶은 고통스럽습니다. 마귀가 가까이 올 때마다 십자가로 달려가 주님과 함께 승리의 깃발을 힘차게 휘날리게 하소서.

무력화된 사탄

고난주간 제2일

통치자들과 권세들을 무력화하여 드러내어 구경거리로 삼으시고 십자가로
그들을 이기셨느니라

골로새서 2장 15절

그리스도가 2000년 전에 십자가에서 사탄에게 승리하셨는
데 사탄의 세력은 왜 이렇게 왕성한가요? 예수님이 사탄을 이
기셨는데 우리는 왜 사탄의 독침을 계속 맞고 있는 것일까요?
고통에 오래 노출되면 십자가 승리가 흐릿해질 위험도 있습니
다. 십자가 대속의 죽음으로 사탄은 결정적 패배를 당했지만
아직도 자신의 패배를 인정하지 않고 게릴라처럼 세상에 남아
서 성도들을 공격하고 있습니다. 예수님은 십자가 죽음으로
통치자들과 권세들을 무력화하였습니다. 무력화했다는 말은
멸절하여 사라지게 했다는 뜻이 아니라 무장 해제시켜 결정적
인 힘을 빼앗았다는 뜻입니다. 사탄의 존재 자체가 사라지지
는 않았습니다.

사탄은 그리스도의 십자가에서 소멸의 운명을 맞이하도록 예정됐지만 여전히 세상에 잔존하며 영향력을 행사하고 있습니다. 십자가 승리는 이미 이루어졌지만 최후 승리는 아직 오지 않았습니다. 이 둘 사이에 끼어있는 우리는 승리주의와 패배주의를 경계하고 '생명의 성령의 법(로마서 8:2)'에 따라 믿음과 소망과 사랑으로 악에 대항하며 살아야 합니다. 최후 승리를 믿음으로 소망하며 사탄의 세력들을 물리쳐야 합니다. 십자가의 길에는 사탄 마귀의 경고 사이렌이 항상 울리고 있습니다. 악에 빠지지 않도록 조심히 걸어야 합니다.

기도

승리의 주 예수님. 십자가 승리를 비웃듯이 우리를 공격하는 사탄의 힘을 분별할 지혜를 주소서. 사탄의 유혹에 승리자 그리스도의 이름으로 맞서며 승리하게 하소서.

죽음을 이긴 십자가

고난주간 제3일

자녀들은 혈과 육에 속하였으매 그도 또한 같은 모양으로 혈과 육을 함께 지니심은 죽음을 통하여 죽음의 세력을 잡은 자 곧 마귀를 멸하시며 또 죽기를 무서워하므로 한평생 매여 종노릇 하는 모든 자를 놓아주려 하심이니

히브리서 2장 14-15절

인류 최대의 난제는 죽음입니다. 아무리 수명을 연장해도 장례식장을 아무리 화려하게 꾸며도 죽음을 감출 수 없습니다. 죽음은 죄의 결과로 오게 된 형벌이지만 또한 죄의 숙주입니다. 사탄은 죽음의 위압적 영향력을 최대한 활용해 사람들을 죽음의 공포로 사로잡습니다. 죽음에 대한 두려움과 불안감이 클수록 죄악의 수렁은 깊어집니다. 죽기를 두려워하여 평생 죽음의 종노릇을 하는 사람들은 먼저 살려고 미친듯이 경쟁하고 싸우면서 어리석게도 죽음을 앞당깁니다. 하지만 죽음은 난제일지언정 어쩔 수 없는 숙명은 아닙니다.

인류 역사에서 죽음에 지배당하지 않고 죽음을 이기신 유일한 분이 계십니다. 십자가에서 죽으시고 부활하신 예수 그

리스도입니다. 그리스도는 부활의 확신으로 담대하게 십자가 죽음으로 들어가셨습니다. 십자가에서 죽으신 그리스도는 사탄의 입에서 여의주 같은 죽음을 빼내셨습니다. 그분이 다시 오시면 죽음을 불못에 던져 소멸시켜버릴 것입니다(요한계시록 20:14). 그리스도의 부활은 죽음의 모의 장례식이었습니다. 그리스도는 죽었던 야이로의 열두 살 딸과 나사로를 살리실 때 이미 죽음의 죽음을 예고하셨습니다. 그리스도가 계시는 곳에는 영원한 죽음이 없습니다. 십자가의 길은 죽음의 길이 아니라 영원한 생명의 길입니다.

 기도

생명의 주 예수님, 십자가에서 죽음을 이기시고 부활하신 주님을 찬양합니다. 우리에게 십자가 죽음과 부활의 믿음을 주셔서 주님과 함께 영생의 기쁨을 누리게 하소서.

승리의 전조현상

고난주간 제4일

저물어 해 질 때에 모든 병자와 귀신 들린 자를 예수께 데려오니 온 동네가 그 문 앞에 모였더라 예수께서 각종 병이 든 많은 사람을 고치시며 많은 귀신을 내쫓으시되 귀신이 자기를 알므로 그 말하는 것을 허락하지 아니하시니라

마가복음 1장 32-34절

예수님의 소문을 듣고 원방근원에서 병든 자 귀신들린 자들이 구름떼처럼 몰려왔습니다. 예수님은 그들을 고쳐주셨습니다. 열병으로 죽어가던 베드로의 장모도 살리셨습니다. 거라사 광인에게서 군대 귀신을 쫓아내셨습니다. 날 때부터 눈 먼 자의 눈을 뜨게 해주셨습니다. 38년 앉은뱅이로 살았던 사람을 일으켜 세우셨습니다. 기적의 소문은 순식간에 번졌습니다. 점잖은 유대 지도자 니고데모가 한 밤 중에 예수님을 찾아와 "당신은 하나님으로부터 오셨음이 분명하다"며 예수님의 정체를 물었습니다. 예수님은 그에게 성령으로 거듭나 지금 이 사람들에게 일어나고 있는 하나님 나라의 일들을 보라고 하셨습니다.

하나님 나라는 죽음의 모든 현상들이 사라지고 활기찬 생명으로 충만한 나라입니다. 예수님이 행하신 놀라운 기적들은 죽음을 이기고 생명의 승리를 가져올 십자가와 부활 사건의 전조 현상이었습니다. 예수님은 친히 우리의 연약함을 담당하시고 병을 짊어지셨습니다(마태복음 8:17). 예수님을 오래 믿으면서도 한 번도 기적을 경험하지 못했다면 정말 이상한 일입니다. 예수님은 제자들에게 능력을 주시고 병을 고치고 귀신을 쫓아내게 하셨습니다. 십자가의 길에서는 죄악의 고통을 이기고 치유 받는 일이 일상처럼 일어납니다.

기도

생명의 주 예수님, 죽음의 그늘 아래에서 운명처럼 살던 죄를 회개합니다. 생명으로 충만한 하나님 나라의 열매를 맛보게 하여주소서. 죽음을 이기는 생명을 경험하게 하소서.

ERECTED IN MEMORY
OF
HENRY GERHART APPENZELLER
FEB 6, 1858 - JUNE 11, 1902

FIRST METHODIST
MISSIONARY TO KOREA
AND FOUNDER OF PAI
CHAI WHO DROWNED
NEAR MOKPO TRYING TO
SAVE A KOREAN GIRL
THE PAI CHAI ALUMNI

주모비
H.G. 아펜젤러 (1858.2.6~
1902.6.11. 는 미국 북감리회
해외선교... 서 한국에 처
...를 만든... 교사를 설립하
... 실종지 미시간... 의교선교
중 목포 앞바다 전복된 배에서
한모 소녀를 구하려다 함께...
이 역사 하시었다.

"오 하나님, 우리는 부활절 아침에 여기 도착하였습니다.
이 아침에 사망의 쇠사슬을 부수고 부활하신 주님께서
이 나라 백성들이 얽매여 있는 사슬을 끊으시고
그들에게 하나님의 자녀로서의 광명과 자유를 얻게 하여 주소서!"

헨리 G. 아펜젤러

십자가 복음을 전하기 위해
조선 땅 십자가 길을 걸었던 선교사들의
마지막 안식처
양화진 외국인 선교사 묘역

확정된 최후의 승리

고난의 금요일

예수께서 신 포도주를 받으신 후에 이르시되 다 이루었다 하시고 머리를 숙이니 영혼이 떠나가시니라

요한복음 19장 30절

오늘은 예수님이 십자가에 달려 죽으신 고난의 금요일입니다. 예수님의 마지막 말씀, "다 이루었다"는 예수님의 십자가 죽음으로 우리 죄를 용서하시려는 하나님 아버지의 뜻이 성취되었다는 뜻입니다. 우리를 영원히 죄와 죄책(罪責) 아래 가두려는 사탄의 음모가 예수님의 대속적 죽음으로 완전히 실패했습니다. 예수님은 사탄에 대해 승리를 거뒀습니다. 이 승리는 종말에 거둘 최후 승리의 예고편이면서 동시에 확정 선포입니다. 십자가는 그리스도가 사탄을 이기신 표지이며 최후 승리의 보장입니다.

그리스도의 십자가는 한치 앞을 보지 못하고 살아가던 우리에게 역사의 완성이 일어날 미래를 뚜렷하게 바라볼 수 있

는 안목을 열어주었습니다. 비록 현실은 온갖 문제투성이지만 결국 깨끗하게 정리되고 온전해질 것이라는 사실을 우리는 십자가를 통해 압니다. 십자가에서 선포된 최후 승리를 확신하는 그리스도인은 그 승리에 동참하기 위해 오늘의 어려움과 모호함을 인내하고 절제합니다. 아직 우리는 "다 이루었다"와는 먼 것처럼 보이는 세상에서 살고 있지만 믿음과 소망 안에서 주님이 다 이루신 세상 사람처럼 살아갑니다. 십자가의 길은 현재에서 미래로 가는 방향이 아니라 미래가 현재로 다가오는 역방향으로 나 있습니다.

기도

승리의 주 예수님, 악한 세상에 이뤄질 그리스도의 최후 승리를 믿습니다. 믿음과 소망으로 현실 속 죄악과 싸워 이기게 하소서. 천성에 도착할 때까지 우리를 인도하고 보호하여주소서.

승리의 증언자

고난주간 제6일

(그리스도를) 모든 통치와 권세와 능력과 주권과 이 세상 뿐 아니라 오는 세상
에 일컫는 모든 이름 위에 뛰어나게 하시고 또 만물을 그의 발 아래에 복종하
게 하시고 그를 만물 위에 교회의 머리로 삼으셨느니라 교회는 그의 몸이니
만물 안에서 만물을 충만하게 하시는 이의 충만함이니라

에베소서 1장 21-23절

　　예수님이 십자가에서 사탄을 이기시고 그 세력들을 무력화
시킨 일은 육신의 눈에 보이지 않는 영적 사건입니다. 하나님
은 십자가에서 거둔 영적 승리를 세상 사람들의 눈에 보여주
기 위해 교회를 세우셨습니다. 교회는 십자가 승리의 증거자
입니다. 교회의 머리이신 그리스도는 십자가와 부활로 자기
몸 된 교회를 충만케 하십니다. '머리'는 최고의 권위라는 의
미와 함께 생명의 근원이라는 뜻을 가지고 있습니다. 교회는
죽음을 이기신 그리스도의 생명으로 충만한 곳입니다. 그리
스도 안에 뿌리박은 교회에는 사랑과 평화와 기쁨과 친절과
존중과 격려와 배려와 절제와 인내와 용서가 잔잔하게 흐릅
니다.

교회는 화려한 건물과 많은 성도 수와 권력을 앞세워 십자가 승리를 증언하지 않습니다. 교회는 그리스도의 십자가와 부활에 동참한 성도들의 일상을 통해 그리스도를 증언합니다. 그리스도의 제자들은 이제 십자가 승리를 가슴에 품고 세상을 향해 나갑니다. 그들은 어디에 있든지 항상 그리스도의 십자가 안에서 기뻐하고 즐거워합니다. 그들의 말과 행위는 십자가 예수님의 인내와 용서와 포용으로 충만합니다. 그들의 인자하고 평안한 표정에서 사람들은 예수님을 느낍니다. 십자가 길을 걷는 사람들의 얼굴은 십자가 예수님을 세상에 비추는 거울입니다.

 기도

교회의 머리이신 예수님, 교회의 성도인 우리들에게 십자가 승리와 권능을 부어주소서. 우리들이 일상의 삶에서 승리자 그리스도를 증언하며 세상의 빛으로 살게 하소서.